CONSULTATION

SUR le divorce de la Loi Judaïque.

LE Conseil souffigné qui a lu les pieces & les Mémoires ; enfemble l'Arrêt rendu le 9 Avril dernier en la Grand'Chambre, fur les Conclufions de de M. Séguier, Avocat Général, & la demande en féparation de corps, formée depuis par la dame Sara Mendés d'Acofta, contre le fieur Peixotto, Banquier à Paris.

Confulté fur la queftion de fçavoir fi le libelle de divorce donné par le fieur Peixotto à la dame fa femme, a rompu les nœuds qui les uniffoient :

EST d'avis que la queftion propofée en préfente deux autres également importantes à examiner.

Premiere queftion. La Loi Judaïque autorife-t-elle réellement le divorce ? Comment, dans quels cas, fous quelles conditions l'autorife-t-elle ?

Seconde queftion. La Loi Judaïque eft-elle, même

A

dans une Nation chrétienne, même dans un Tribunal chrétien, la Loi qui doit régler, gouverner les mariages des Juifs, la seule Loi qu'il faille confulter pour prononcer fur la validité & fur la force du lien conjugal?

Ces deux queftions ne paroiffent point avoir encore été traitées avec toute l'attention qu'elles méritent. Il eft néceffaire de les approfondir & d'entrer dans des détails.

PREMIERE QUESTION.

La Loi Judaïque autorife-t-elle le divorce? Comment, dans quel cas, fous quelles conditions l'autorife-t-elle?

Dans nos mœurs, le mariage eft abfolument indiffoluble. La femme peut dans certains cas obtenir d'être féparée de la couche & de la table de fon mari. Il feroit peut-être poffible d'imaginer une efpece où le mari feroit reçu à former la même demande. Mais ce ne font-là que des féparations; la ftabilité du lien n'en eft point altérée, & les deux époux, dégagés de l'obligation qu'ils ont contractée de vivre enfemble, ne font point dégagés de la foi qu'ils fe font jurée; ils font toujours mari & femme : la mort feule de l'un d'eux, peut rendre à l'autre sa premiere liberté.

C'est même un des dogmes de notre sainte religion que la Loi de l'indissolubilité fut la Loi primitive du mariage. Au moment où Dieu institua le mariage, dans ce moment il en déclara les nœuds indissolubles. N'avez-vous pas lu, dit Jesus-Christ, que celui qui créa l'homme au commencement, les créa mâle & femelle ? Et dit: c'est pourquoi l'homme quittera son pere & sa mere, & s'attachera à sa femme, & ils seront deux dans une seule chair. Ils ne sont donc plus deux ; mais une seule chair. Que l'homme n'entreprenne donc pas de séparer ce que Dieu a uni. *An non legistis quia qui fecit hominem ab initio, masculum & feminam fecit eos, & dixit: propter hoc dimittet homo patrem & matrem, & adhærebit uxori suæ & erunt duo in carne unâ. Itaque jam non sunt duo sed una caro. Quod ergo Deus conjunxit, homo non separet.*

Cette indissolubilité du lien du mariage n'est pourtant pas de l'essence du contrat. Elle est de droit divin positif; elle n'est pas de droit naturel. Dans le droit de la nature, & abstraction faite de la révélation, le mariage est, comme tous les autres con-

A ij

trats, entiérement fubordonné à la volonté des Parties contractantes. L'homme & la femme ne s'engagent l'un à l'autre que parce qu'ils le veulent. Ils font donc les maîtres de s'engager de la maniere qu'ils le veulent, & de foumettre leur engagement à telles ou telles conditions.

Par la même raifon la loi civile ou politique de chaque Nation peut modifier le contrat de mariage avec la même autorité qu'elle exerce fur les autres contrats. Elle peut déclarer que le mariage une fois contracté, ne pourra fe rompre en aucun cas. Elle peut auffi déclarer que l'engagement ne fubfiftera qu'autant que les deux époux fe conviendront; elle peut donner à tous deux ou ne donner qu'à un feul la faculté de rompre l'engagement; elle peut enfin exiger des caufes de diffolution ou n'en point exiger d'autre que la volonté d'une des Parties. Quand la loi eft faite, tous ceux qui vivent, qui fe marient fous fon empire, font de plein droit préfumés avoir contracté, en fe mariant, la forte d'engagement que la loi connoît, révocable ou irrévocable fuivant la difpofition de la loi.

Prefque tous les peuples de l'antiquité, les peuples les plus fages & les plus éclairés, les Egyptiens,

les Grecs, les Romains , ont expreſſément autoriſé
le divorce. Privés des ſecours de la révélation ,
guidés par les ſeules lumieres de la raiſon , ils n'ont
point connu la loi de l'indiſſolubilité , qui forma
la loi de l'inſtitution primitive du mariage ; ils n'ont
vu dans le mariage qu'un contrat civil, que la loi
civile pouvoit régler à ſon gré. Solon permit à la
femme auſſi bien qu'au mari, de répudier. Romulus
n'accorda cette permiſſion qu'au mari , & ſeulement
dans le cas où la femme auroit commis un adultere ,
préparé du poiſon , falſifié les clefs; la loi des douze
tables , tranſporta le divorce d'Athenes à Rome.

La faculté de répudier ſe conſerva ſous les Empereurs devenus Chrétiens : elle étoit encore en vi-
gueur au milieu du ſixieme ſiecle. La Loi 8 *Cod. de
Repud.* qui eſt des Empereurs Théodoſe & Valen-
tinien , porte que les mariages peuvent ſe former
par le ſeul conſentement ; mais qu'ils ne peuvent ſe
diſſoudre que par un divorce célebré dans la forme
légale , la faveur des enfans demandant que les
pere & mere rompent leurs liens , avec plus de difficulté qu'ils ne les ont formés : *conſenſu licita matri-
monia poſſe contrahi, contracta non niſi miſſo repudio
diſſolvi præcipimus : ſolutionem enim matrimonii dif-
ficiliorem debere eſſe favor imperat liberorum ; &*

Juſtinien dans ſes Pandeƈtes, adopte pour Loi un texte de Paul qui met le divorce au nombre des manieres dont le mariage ſe diſſout: *dirimitur matrimonium divortio, morte, captivitate vel aliâ contingente ſervitute utriuſve eorum*. Leg. 1 ff. de Divort.

Les Loix des Wiſigoths & des Bourguignons qui ont fait le droit d'une grande partie de la France, juſques dans le huitieme ſiecle, autoriſoient auſſi expreſſément le divorce. *Siquis uxorem ſuam*, dit la Loi des Bourguignons, *forte dimittere voluerit & ei potuerit vel unum de his tribus criminibus adprobare, id eſt, adulteram, maleficam vel ſepulchrorum violatricem, dimittendi eam habeat liberam poteſtatem.*

Par la Loi des Viſigoths il eſt défendu d'épouſer une femme répudiée, à moins qu'il ne ſoit bien conſtant ou par écrit ou par témoins, que ſon mari lui a donné le divorce. *Mulierem ingenuam à viro ſuo repudiatam nullus ſibi in conjugio ſociare præſumat, niſi aut ſcriptis, aut coram teſtibus divortium inter eos fuiſſe faƈtum evidenter agnoſcat.*

Encore aujourd'hui le divorce eſt autoriſé en certains cas, & avec certaines formalités dans les États Proteſtans & dans l'Egliſe Grecque (1).

_____

(1) Voici ce qu'on lit dans la Gazette de Leyde du 26 Mai 1778.

Dans l'Eglise Grecque, dans les Etats proteſtans, ſous les Empereurs Chrétiens, dans Rome payenne, à Athenes & en Egypte, la liberté du divorce ne peut être conſidérée que comme un oubli ou comme une infraction de la Loi primitive de l'indiſſolubilité. Dans la Loi Judaïque la faculté de répudier eſt une diſpenſe de la loi de l'indiſſolubilité émanée de la même autorité qui a prononcé la loi de l'indiſſolubilité. C'eſt une vérité que l'Incrédule ſeul peut révoquer en doute.

Il eſt vrai que cette diſpenſe n'a été accordée aux Juifs, dit Jeſus-Chriſt, qu'à cauſe de la dureté de leur cœur, *propter duritiam cordis eorum* ; parce que leur divin Légiſlateur a craint que l'impoſſibilité de rompre des nœuds qui leur peſeroient, ne les portât à des violences & à des crimes ; mais enfin pour eux la diſpenſe de la loi de l'indiſſolubilité eſt deſcendue du Ciel comme la loi même de l'in-

---

« *De Mittau le 4 Mai*
» Le 27 du mois dernier, notre Conſiſtoire, où tous les membres
» qui le compoſent, s'étoient rendus, prononça d'une voix unanime le
» divorce entre le Duc de Courlande, notre Souverain, & la Ducheſſe
» Eudoxie, Princeſſe de Jouſſoupow, dont le mariage avoit été ſo-
» lemnellement célébré le 6 Mai 1774 à Peterſbourg, dans la Chapelle
» de la Cour, en préſence de l'Impératrice, du Grand Duc & de la
» Grande Ducheſſe de Ruſſie ». La Ruſſie, comme on ſçait, eſt de
l'Egliſe Grecque.

diffolubilité. S'ils font coupables de ne fe point foumettre à la loi de l'indiffolubilité, c'eft qu'ils font
coupables de ne point reconnoître la loi nouvelle,
qui a révoqué la difpenfe & rétabli la Loi primitive.

Sous l'empire de la Loi judaïque, l'homme n'eft
point indiffolublement lié à fa femme par le mariage. Il peut la répudier & en prendre une autre ; il peut la répudier à fon gré, fans autre caufe
que fa volonté, fans autre formalité que la déclaration par écrit qu'il la répudie ; déclaration qui
eft dans la main de la femme le titre de fa liberté
& avec laquelle elle peut paffer dans les bras d'un
fecond mari.

Voilà quelles font les difpofitions de la Loi judaïque ; voilà ce qui va réfulter des difcuffions
auxquelles on va fe livrer. Il faut commencer par
voir le texte. On montrera enfuite quel en eft le
véritable fens.

Le fiége de la matiere eft au Deutéronome,
chap. 24, verf. 1, 2, 3 & 4. La Vulgate traduit
ainfi.

Si acceperit homo uxorem & habuerit eam (la
verfion

verſion des Septantes traduit, *& habitaverit ei*) *&
non invenerit gratiam ante oculos ejus propter aliquam fœditatem, ſcribet libellum repudii & dabit in
manum illius & dimittet eam de domo ſuâ.*

*Cumque egreſſa, alterum maritum duxerit, & ille
quoque oderit eam, dederitque ei libellum repudii &
dimiſerit eam de domo ſuâ vel certè mortuus fuerit,
non poterit prior maritus recipere eam in uxorem, quia
polluta eſt & abominabilis facta eſt coram Domino.*
(le texte Hébreu, le texte Caldéen & la verſion
des Septantes portent : *Quoniam abominatio eſt hoc
ante Dominum.*) *Ne peccare facias terram quam
Dominus Deus tuus tradiderit tibi poſſidendam.*

Il réſulte bien clairement de ce texte, 1°. que
chez les Juifs le divorce rompt le lien du mariage ;
2°. que pour répudier ſa femme le mari n'a point
de cauſe à déduire ; 3°. qu'il n'a point d'autres formalités à remplir que d'écrire le libelle de divorce,
de le donner à ſa femme & de la renvoyer de ſa
maiſon. Reprenons ces conſéquences & dévelop-
pons-les.

PREMIERE CONSÉQUENCE. La femme répudiée
peut ſe remarier, & l'homme qu'elle épouſe a le
titre de mari, *cumque egreſſa, alterum maritum du-*

B

xerit. La Loi reconnoît les droits de ce fecond mari fur la femme répudiée, & elle ne parle du projet de réintégration du premier mariage, qu'en pofant le cas où le fecond feroit diffous par le divorce ou par la mort, *dederit libellum repudii aut certè mortuus fuerit.* Si le fecond mariage eft valable, néceffairement le premier ne fubfifte plus, il a été diffous par le divorce.

On cherche inutilement à équivoquer fur ces expreffions du quatrieme verfet; *Quia polluta eft & abominabilis facta eft coram Domino*; pour en conclure que la femme répudiée n'a pas pu, fans fe fouiller, fans fe rendre coupable, paffer dans les bras d'un fecond mari, & qu'ainfi le divorce ne lui a pas rendu fa premiere liberté.

La difficulté n'eft pas dans le texte; elle n'eft que dans la traduction de la Vulgate, qui n'eft rien moins qu'exacte. Le texte ne dit pas que le fecond mariage a fouillé la femme; il dit que de reprendre fa femme, répudiée par le fecond mari, feroit, de la part du premier mari, une chofe abominable aux yeux du Seigneur, un abus énorme qui ne pourroit que propager le vice : *Quoniam abominatio eft hoc ante Dominum.*

A Lacédémone, les maris prêtoient publiquement leurs femmes, & de-là le mot d'un ancien, que les *adulteres n'étoient pas connus dans cette ville,* parce que le mariage n'y étoit qu'un adultere continuel. Sans doute, ces prêts fcandaleux n'auroient pas lieu chez les Juifs ; mais on arriveroit d'une autre maniere au même but. A la faveur d'un divorce, le mari céderoit fa femme, qu'un fecond divorce lui rendroit : chofe impoffible aujourd'hui que tout retour vers celle qu'on a répudiée, eft févérement interdit, fi une fois elle paffe dans les bras d'un fecond mari : *quia,* difent unanimement tous les Interpretes, *orbicularis ille nuptiarum regreffus per quem maritus alteri uxorem fuam ad tempus commodare videretur, eft quid coram Domino abominabile fucatique tantum divortii, veri autem, lenocinii rationem habet.*

SECONDE CONSÉQUENCE. *Si la femme ne trouve point grace devant fon mari,* fi elle ne lui plaît pas, à cauſe de quelque difformité : *ſi non invenerit gratiam ante oculos ejus propter aliquam fœditatem.* Le mari n'a donc pas beſoin d'avoir des raiſons pour répudier fa femme; c'eſt affez qu'elle ne lui plaiſe pas, qu'elle ne ſoit plus agréable à ſes yeux; c'eſt affez qu'il ne veuille plus l'avoir pour femme : fa volonté de répudier eſt une cauſe ſuffiſante de répudiation.

On prétend, ſans raiſon, de la part de la dame Sara Mendez d'Acoſta, que des mots de la Vulgate, *propter aliquam fœditatem*, il réſulte que le divorce doit avoir une cauſe.

Sans doute le divorce a toujours & néceſſairement une cauſe quelconque; un mari ne ſe détermine pas à renvoyer ſa femme, s'il n'a aucun motif de la renvoyer, s'il l'aime autant qu'il l'aima lorſqu'il la choiſit pour ſa femme, s'il n'a pas conçu de l'averſion pour elle; & il ne concevra pas de l'averſion pour elle, il ne ceſſera pas de l'aimer, il ne ſe déterminera pas à la répudier, s'il ne trouve rien en elle qui lui déplaiſe. Mais ce n'eſt pas là de quoi il s'agit : le point à examiner eſt de ſçavoir, ſi le divorce doit être fondé ſur une cauſe dont le mari ſoit tenu de rendre compte, & que la femme puiſſe contredire. Pour ſe convaincre du contraire, il ne faut que bien entendre les expreſſions, *propter aliquam fœditatem*.

Le *fœditatem* qui, aux termes de la loi, eſt la raiſon ou le prétexte du mari pour ſe dégoûter de ſa femme & la renvoyer, ne déſigne aucun de ces vices qu'on appelle moraux. Ce mot répond à celui d'*arouth* de l'original, ou, pour écrire comme on prononce, d'*ervath*, & jamais arouth ou *ervath* ne s'appliqua à aucune action. Par-tout où on le trouve employé, il s'agit d'un vice phyſique, ou d'une infirmité ſecrete, ou d'un de ces objets qu'on doit éloigner des yeux. Au chap. 9, verſ. 22 de la Geneſe, ainſi qu'au chap. 20, verſ. 19 & 20 de l'Exode, & encore au chap. 28, verſ. 42 de ce dernier livre, il déſigne les parties naturelles de l'homme. Au chap. 42, verſ. 12 de la Geneſe, il ſignifie les endroits foibles & ſans défenſes d'un pays. Au Deuteronome, chap. 33, verſ. 13 & 14, Moïſe exprime par *arouth* les ordures & les immondices qu'il ordonne de bannir avec ſoin des camps.

Ainſi, lorſqu'au chap. 24, verſ. 1 du Deuteronome nous retrouvons exactement la même expreſſion pour énoncer la cauſe qui porte un mari à renvoyer ſa femme, il eſt clair qu'en cet endroit, non plus qu'en aucun autre, on ne peut l'entendre d'une action contraire à l'honnêteté, ni même en général aux bonnes mœurs, mais ſeulement d'une infirmité ſecrete, d'un vice phyſique, d'une difformité quelconque capable de dégoûter le mari.

C'eſt ce qu'a très-bien vu le ſavant Pere Houbigant : *aliquid turpitudinis*, dit-il, dans ſa Note ſur cet endroit du Deuteronome, *eſt aliquod vitium in corpore mulieris , cujus conscius esse possit solus maritus* , un défaut corporel de la femme dont le mari seul peut avoir connoissance.

S'il pouvoit encore rester quelque doute sur le sens de la loi, il seroit pleinement éclairci par le verf. 3. Dans ce verset la loi suppose que celui qui a épousé une femme répudiée , lui donne aussi le libelle de divorce , & la renvoie de sa maison. Comment s'exprime-t-elle ? Il n'est plus question de *aliquam fœditatem* : la loi dit simplement ; si le mari prend sa femme en aversion, lui donne le libelle de divorce , & la renvoie : *& ille quoque oderit eam , dederitque ei libellum repudii & dimiserit eam.* Ce second mariage est aussi valable que le premier , aussi difficile à rompre ; pour le rompre par le divorce, il suffit que le mari prenne sa femme en aversion : *& ille quoque oderit eam ;* le dégoût du mari est donc aux yeux de la loi une cause suffisante de répudiation, la loi ne demande donc pas de cause.

Troisieme conséquence. Le mari écrira le libelle de divorce , le mettra dans la main de sa femme , & la renverra de sa maison : *scribet libellum repudii & dabit in manum illius & dimittet eam de domo sua.* Et en parlant de celui qui répudie la femme

qu'il a époufée fur la répudiation d'un premier mari,
la loi ne s'exprime pas autrement : *dederit ei libel-*
lum repudii & dimiferit eam de domo fua. Ecrire le
libelle de divorce, le donner à fa femme, & la
renvoyer de fa maifon, voilà tout ce que prefcrit la
loi pour rompre le nœud conjugal.

Comment, à la vue de ces textes, la dame Sara
Mendés d'Acofta a-t-elle pu imaginer de foutenir
que le mari doit déduire dans l'affemblée des anciens les raifons pour lefquelles il répudie fa femme,
que la diffolution du mariage ne peut s'opérer que
par l'entremife des Juges ? Ou la loi ne fignifie rien,
ou elle énonce très - clairement que le mari n'eft
comptable à perfonne, pas même aux Prêtres ou
aux Rabins, des raifons qui le déterminent au divorce. Il eft à cet égard établi juge en fa propre caufe, & la loi s'en rapporte pleinement à fa décifion.

Mais, comme cette objection de la dame SaraMen-
dés d'Acofta paroît être la bafe de tout fon fyftême,
il eft néceffaire de l'examiner plus attentivement.
Cette difcuffion nous donnera d'ailleurs occafion
de mettre dans un nouveau jour les trois conféquences que nous venons de tirer du texte de la loi.

D'abord il eft remarquable que dans les quatre

premiers verſets du 24. chap. du Deuteronome ; dans ces verſets importans, & qui font le fiege de la matiere du divorce, dans ces verſets deſtinés à en régler les cauſes & les formalités, il n'eſt pas dit un mot ni de tribunaux, ni de juges, ni de parties. Au chap. 22 du même livre, verſ. 13, 31, où il s'agit d'une accuſation contre une femme que ſon mari prétendroit n'avoir pas trouvée vierge, on voit toutes les perſonnes intéreſſées en action ; le mari ſoutenant ſon dire ; les pere & mere de la fille accourant à ſon ſecours, & produiſant les monumens qui dépoſent de ſon innocence : on voit encore que cette affaire doit être inſtruite devant les Juges de la Ville, ſéant en leur Tribunal : enfin on lit le jugement que ces Vieillards doivent prononcer ſelon que l'accuſation ſe trouvera vraie ou fauſſe. Ici rien de tout cela, pas le moindre indice de procès ou d'inſtruction judiciaire ; le mari parle & agit ſeul ; il veut le divorce, & le conſomme ſans autre préliminaire que d'en dreſſer le libelle, où il ne lui eſt pas même enjoint d'énoncer ſes griefs. *Scribet libellum repudii & dimittet eam de domo ſua.* Que n'eſt - on pas en droit de conclure d'un contraſte auſſi frappant, ſur-tout dans une loi qui eſt, pour

ainſi

ainfi dire, toute lettre, & où, pour le moindre intérêt pécuniaire, il eft queftion & du Juge qui
en doit connoître, & de la forme de procéder.

Il vient d'être démontré que les caufes de divorce énoncées aux verfets dont il s'agit, font telles
qu'il falloit de toute néceffité ou que le mari en fût
feul juge, ou que la loi s'expliquât fur la maniere
dont on pourroit confondre fon allégation. Quelles
font ces caufes ? des vices phyfiques, des diffor-
mités, des infirmités fecretes, *ervath: aliquod vitium
in corpore mulieris cujus confcius maritus folus effe
poffit.* Les actions contraires à la foi conjugale n'y
entrent pour rien : dans ce point de vue, il eût
été queftion non d'expulfer la femme, mais de lui
faire fubir la peine de mort prononcée expreffé-
ment contre la femme adultere : auffi, Moïfe,
comme on l'a vu, n'en parle-t-il pas; il ne défigne
que des défauts de conformation, des infirmités &
des infirmités fecretes : *fi invenerit in eâ aliquid fœ-
ditatis ;* ce font les termes du texte original, les
mêmes que ceux qu'il emploie au fujet du mari
qui prétendroit que fa femme, quand il l'époufa,
n'étoit pas vierge; *non inveni ei virginitatem.* Mais
de deux chofes l'une ; ou l'intention du Légiflateur

C

a été par rapport à ces infirmités fecretes que le
mari fût cru fur fa parole, & alors les formalités
ceffent; ou il n'a pas voulu que la déclaration du
mari fût fuffifante, & alors il a dû ordonner une
vifite, feul & unique moyen de connoître la vérité. Or la loi ne prefcrit rien de femblable.

Il y a plus: il eft défendu au mari de fe réunir
avec fa femme, devenue libre, par le divorce ou
par la mort du fecond mari, & le motif de cette
défenfe eft que la facilité de revenir ainfi à ce qu'on
a rebuté n'aboutiroit qu'à étendre de plus en plus
l'empire du vice. N'eft-ce pas là une nouvelle preuve
que le divorce s'exerce impérieufement fans en déduire les raifons.

Suppofons des Tribunaux, une inftruction, un
jugement. Pourquoi punir le mari d'avoir renvoyé
fa femme, & comment le pouvoir de la reprendre
pourra-t-il être un germe funefte de corruption?
Le divorce n'aura eu lieu qu'en connoiffance de
caufe; il fera toujours certain que la femme a été
dans le cas du renvoi. Elle n'y eft plus aujourd'hui;
les infirmités qui ont fait diffoudre le mariage ne
fubfiftent plus. Loin que la réunion foit abominable,
loin qu'elle puiffe avoir de fâcheufes conféquences

pour les mœurs, elle est favorable & la défense de
la Loi est destituée de raison.

Au contraire, rien de plus raisonnable, rien de
plus sage que cette défense, si le mari est pleinement
maître de se dégager. En effet, 1°. il s'agit de con-
tenir dans de certaines bornes l'exercice de cette
liberté indéfinie, & la défense de se réunir conduit
à ce but d'autant plus surement qu'elle y mene par
des voies de douceur. On quitte facilement ce
qu'on croit pouvoir reprendre ; on ne se dépouille
qu'avec peine de ce qu'on sçait ne devoir plus re-
couvrer. 2° Cette même défense ferme la porte à
une infinité de désordres : elle prévient ces prêts
scandaleux connus à Lacédémone, & qu'on dégui-
seroit aisément sous une apparence de divorces &
de réconciliations. 3°. Enfin, en reprenant celle
qu'on a cru devoir quitter, on annonceroit qu'on
s'est joué arbitrairement du mariage, au lieu que
pour l'honneur de la Loi, il faut que la présomption
soit toujours pour le mari qui en a usé.

Les Prophetes reprochent aux Juifs l'abus énorme
qu'ils faisoient autrefois du divorce. Malachie, chapitre 2, verset 15, leur demande pourquoi ils
manquent ainsi de foi à la femme de leur jeunesse ;

pourquoi ils renvoyent leur compagne, celle avec qui ils étoient entrés en alliance & qui étoit devenue une même chair avec eux. Si le divorce ne peut avoir lieu qu'en vertu d'une Sentence, il falloit adreſſer directement le reproche aux Juges; il falloit les blâmer d'avoir ſervi d'inſtrumens à la paſſion des maris & d'avoir prononcé ſans raiſon ſuffiſante la déſunion des deux époux. Le Prophete ne dit rien des Juges; il n'apoſtrophe que les Particuliers; ce ſont les maris eux-mêmes qui avoient expulſé leurs femmes, & ſans autre motif ſinon qu'elles ne leur plaiſoient plus; *tu deepexiſti*. Preuve invincible que ſi ces divorces abuſifs déplaiſoient à Dieu, ils n'en étoient pas civilement moins valables; & preuve encore que pour les conſommer, les maris n'avoient pas beſoin du miniſtere des Juges, qui apparemment ne ſe ſeroient pas prêtés à leurs caprices & à leurs goûts déſordonnés.

Mais ce qui met ce point de droit au-deſſus de toute eſpece de doute, c'eſt que l'Evangile le conſtate, & dans les termes les plus formels.

Dans S. Mathieu, chapitre 5, Jeſus-Chriſt explique la différence de la Loi nouvelle avec l'ancienne Loi. Sous l'ancienne Loi, il étoit dit : œil pour œil, dent pour dent; fous la Loi nouvelle, il ne faut fe venger que par les bienfaits : fous l'ancienne Loi, la débauche étoit défendue; fous la Loi nouvelle, c'eft un crime que de regarder une femme avec le defir de la paffion. La diffolubilité & l'indiffolubilité du mariage font une de ces différences caractérifées.

Audiftis quia dictum eft antiquis: quicumque dimiferit uxorem fuam, det ei libellum repudii; ego autem dico vobis, quia omnis qui dimiferit uxorem, exceptâ fornicationis caufâ, facit eam mœchari & qui dimiffam duxerit, adulterat. Vous favez qu'il a été dit aux anciens, quiconque voudra renvoyer fa femme, lui donnera un libelle de divorce; mais moi je vous dis que celui qui renvoie fa femme, fi ce n'eft pour caufe d'adultere, l'expofe à commettre un adultere, & que celui qui époufe une femme renvoyée, fe rend coupable d'adultere.

Sous la Loi nouvelle, il n'eft permis de renvoyer fa femme que dans le cas d'adultere, & ce renvoi n'eft pas un vrai divorce, ce n'eft qu'une fimple féparation (1). Il n'eft point dit que dans l'ancienne

_____

(1) C'eft la doctrine de l'Eglife Catholique. L'Eglife Grecque & les Communions Proteftantes entendent autrement le précepte de

Loi les cas de féparation, quoiqu'en plus grand nombre, foient pourtant limités : tout au contraire, l'expreffion eft générale ; elle énonce que par le droit ancien, celui qui veut renvoyer fa femme, en eft quitte pour lui mettre en main le libelle de divorce. C'eft dire bien clairement que par l'ancien droit tous les cas font également bons, & que telle circonftance qui affecte le mari, eft dans l'ancienne Loi une raifon auffi décifive que l'eft dans la Loi nouvelle l'infraction de la foi conjugale.

Mais fi cela eft, quel befoin a-t-on du miniftere du Juge ? En peut-il être queftion pour en venir à un acte civilement légitime par cette feule raifon qu'il me plaît de l'exercer ? *Errare eos qui putant Judæis, nocuiffe uxorem dimittere nifi caufâ apud judicem cognitâ, fatis ex hoc loco apparet*, dit le favant Grotius dans fes notes fur S. Mathieu : il réfulte clairement de ce texte que ceux-là font dans l'erreur, qui penfent que les Juifs ne pouvoient renvoyer leurs femmes que de l'autorité du Magiftrat & en connoiffance de caufe.

Le Chapitre 19 du même Evangélifte, n'eft pas

Jefus-Chrift ; felon elles, le divorce fondé fur le crime d'adultere eft un vrai divorce qui rompt le lien du mariage.

moins décifif. Les Pharifiens qui favoient quelle doctrine Jefus - Chrift avoit prêchée dans le fermon de la montagne, lui font une queftion infidieufe, c'eft - à - dire, propre à le mettre en contradiction, ou avec lui-même, ou avec la Loi : *accefferunt ad eum Pharifæi tentantes.* Quelle eft cette queftion ? S'il eft permis à un homme de renvoyer fa femme pour toute forte de caufe : *fi licet homini dimittere uxorem fuam quâcumque ex caufâ.* Comme ils lui demandent, dans un autre endroit, s'il eft permis de payer le tribut à Céfar: *fi licet tributum folvere Cæfari.*

Déja la queftion fuppofe bien clairement que le miniftere du Juge eft abfolument inutile ; ils ne demandent pas fi les Juges peuvent fe prêter indiftinctement à toutes les volontés du mari, mais s'il eft permis à un mari d'expulfer fa femme ; s'il peut en confcience, dans le for intérieur, l'expulfer auffi-tôt qu'il croit avoir contr'elle quelque jufte fujet de reffentiment.

La réponfe eft que cette expulfion ne peut, en confcience, avoir lieu que dans le cas d'adultere ; & Jefus-Chrift le prouve, tant par l'hiftoire de la création de l'homme & de la femme, que par ce que Dieu a dit à l'un & à l'autre : *erunt duo in carne unâ.*

Les Pharisiens insistent ; que signifie donc, disent-ils, ce précepte de Moïse : que celui qui veut renvoyer sa femme, lui donne le libelle de divorce ? *Quid ergò mandavit Moyses dare libellum repudii & dimittere ?* Jesus-Christ ne répond pas que Moïse ne leur a pas permis de renvoyer leurs femmes, *quâcumque ex causâ*, mais seulement pour des causes graves, & qui seroient reconnues telles par les Juges ; il suppose que la permission est telle que l'annonce la question, & il répond : c'est la dureté de votre cœur qui a arraché à Moïse cette condescendance, cette liberté indéfinie de renvoyer sa femme au moindre prétexte : *quoniam Moyses ad duritiam cordis vestri permisit vobis dimittere uxores vestras.* Au commencement, il n'en étoit pas ainsi : *ab initio non fuit sic.*

Il a été observé plus haut, que la défense de revenir à la femme qu'on a mise, par le divorce, dans le cas de se remarier, prouve d'une maniere bien sensible, que le divorce s'exerce sans formalités, & qu'un mari n'a que faire, pour cela, de l'entremise du Juge. Mais nous pouvons dire que le motif de l'introduction du divorce le démontre encore mieux. C'est, comme nous l'apprenons ici, pour prévenir les crimes qu'eût occasionné l'indis-

solubilité

folubilité du mariage dans une nation peu traitable ; c'eft pour préferver la vie des femmes ; pour empêcher qu'un mari furieux, qui n'auroit pas pu s'en défaire autrement, ne portât fur elles des mains homicides, & ne les fît périr par le fer ou par le poifon : *ad duritiam cordis veftri per mifit vobis Moyfes dimittere uxores veftras.*

A moins donc de fuppofer la loi inconféquente, il faut dire qu'elle donne tout pouvoir au mari. Point d'autre moyen d'arriver au but qu'elle a en vue : les jugemens ne ferviroient qu'à l'en écarter : contraires le plus fouvent aux defirs paffionnés de l'homme, ils ne peuvent qu'aigrir fon défefpoir, & telle femme mourroit victime de la fentence intervenue en fa faveur.

A la fuite de ce qu'on vient de lire fur les raifons qui déciderent Moïfe à autorifer le divorce, l'Evangile répéte ce qu'il avoit déja dit, qu'aux yeux de Dieu il n'y en a point d'autre caufe légitime que l'adultere. Cette maxime févere étonne ; les Difciples eux-mêmes en font frappés, & ils n'héfitent pas de conclure que, dans un tel état des chofes, il n'y a nul avantage à fe marier. *Si talis eft conditio hominis cum muliere, non expedit nubere.* Combien faut-il qu'ils fuffent péné-

D

très de l'idée que le divorce eft le remede contre
les inconvéniens inévitables du mariage, & qu'on
à toujours cette reffource fous la main; mais le
moyen auffi que cette idée leur fût venue, fi le
divorce lui-même avoit eu ces difficultés; s'il eût
fallu en déduire les raifons aux Juges, & obtenir
une Sentence favorable pour le confommer.

En un mot, on ne peut réfléchir à ce chapitre 19,
fans demeurer pleinement convaincu que le divorce,
chez les Juifs, eft en entier au pouvoir du mari;
que juge fouverain de fes griefs, il n'en doit compte
à perfonne : la queftion, la réponfe; l'objection,
la réponfe à l'objection; enfin, la réflexion que
cette derniere réponfe amene : tout le démontre
& ne laiffe aucun doute fur le véritable fens de
la loi.

Inutilement (1) prétendroit-on oppofer à des

_____

(1) On trouve à la fin du Mémoire imprimé pour la dame Sara
Mendés d'Acofta, une *décifion faite en langue hébraïque, caracteres rab-
biniques du Rabbin Haim Jofeph Azulaï, député des Juifs de Paleftine en
Europe.* Surement ce Rabbin Haim-Jofeph Azulaï a été choifi par les
Juifs de Paleftine en Europe pour venir recueillir les aumônes des Juifs
de l'Europe, plutôt à caufe de fa grande folvabilité qu'à caufe de fa
profonde érudition, ou bien en donnant fa décifion, il a moins confulté fes propres lumieres que l'intérêt & la paffion de ceux qui le
payoient. Il eft facile de le démontrer.

vérités auſſi clairement démontrées, les opinions de quelques Rabins.

Haim Joſeph Azulaï décide d'abord que *quiconque examinera les inſtitutions judiciaires de la ſainte loi des Juifs, recueillies dans le Talmud & dans les Caſuiſtes, trouvera certainement qu'il eſt défendu ou prohibé à qui que ce ſoit, de répudier la premiere femme, légitime, modeſte, de laquelle il a des enfans & eſt ſaine de corps. Ce ſeroit un crime impardonnable*, ajoute-il : *cela eſt clairement expliqué dans la Bible, dans la Mishna, dans le Talmud & tous nos Caſuiſtes.*

Haim Joſeph Azulaï a cru en nommant vaguement des ouvrages reſpectés des Juifs, ſans citer préciſément aucun paſſage de ces écrits, il rendroit la réfutation impraticable. Comment en effet dévorer vingt-quatre volumes *in-folio*, & cela uniquement pour montrer que le Rabin Haim Joſeph Azulaï s'eſt trompé ou a voulu tromper ? Il eſt cependant un moyen de le confondre.

Si l'on montre des textes précis de la Bible, de la *Mishna*, du *Talmud*, & des plus célèbres Caſuiſtes Juifs, qui décident tout autrement que Haim Joſeph Azulaï, il en réſultera ou que Haim Joſeph Azulaï en a impoſé, ou qu'il eſt un ignorant. Or voici ces textes :

Nous avons déja montré que le Chapitre 24 du Deutéronome, conſtitue le mari ſeul Juge abſolu des cauſes qui le déterminent à répudier. Malachie nous adminiſtre une autre autorité : chapitre 2, verſet 16, il décide que l'averſion ſeule du mari ſuffit pour autoriſer le divorce : *Si vous haïſſez votre femme, renvoyez-la,* dit le Seigneur, Dieu d'Iſraël : *Cum odio habueris, dimitte ; dicit Dominus Deus Iſrael.* C'eſt la même choſe qu'au verſet 3 du Chapitre 24 du Deutéronome : *Et ille quoque oderit eam.* Voilà pour la Bible.

Pour la *Mishna*, qui parmi les Juifs tient le premier rang, après la Bible, cet ouvrage eſt traduit en latin, & ſe trouve à la Bibliotheque du Roi, & dans pluſieurs autres Bibliothéques. Il eſt parlé du divorce dans le Livre *Iebamoth*, chapitre 14 ; & il y eſt décidé formellement que la folie de l'homme met obſtacle au divorce, parcé que l'homme ne peut jamais répudier que de ſa bonne volonté, &

D ij

Si l'Ecole de Schammaï a penfé que le mari
ne pouvoit répudier fa femme, à moins qu'elle

que l'homme fol n'eft pas capable de volonté; au contraire, la folie
de la femme ne met point obftacle au divorce, parce que le mari
n'a pas befoin pour répudier de la volonté de fa femme; il peut la
renvoyer, foit qu'elle y confente, foit qu'elle n'y confente pas.

Le Talmud eft le Commentaire de la Mishna, en vingt-quatre volumes *in-folio*, & il n'a guères moins d'autorité. Dans le *Gittinn*,
folio 55, *un mari peut renvoyer fa femme fans fon confentement*. Dans
le *Rachachana*, fol. 14, il faut toujours fuivre l'Ecole de Hillel, quand
elle fe trouve en contradiction avec l'Ecole *de Schamaï*; & dans le
Erubinn, fol. 14, après deux ans & demi de difpute entre l'Ecole de
Schammaï, une voix defcendit du Ciel qui prononça en faveur de
Hillel contre Schammaï. Le Talmud rejette donc les opinions de Schammaï fur le divorce; il adopte, il confacre celles de Hillel, que la
plus petite caufe fuffit; *qu'il fuffit que la femme ait trop fait cuire le diner*,
ce qui revient à dire que le mari n'a pas befoin d'autre raifon que de
fa volonté, *etiam oli cibum nimio ardore coctum*.

Le *Tour*, chapitre 119, & le *Chulchanne arouch*, auffi chap. 119,
deux autres ouvrages non moins célèbres chez les Juifs, décident
comme le Talmud, que le mari ne peut être forcé de renvoyer fa
femme, mais qu'il peut renvoyer fa femme malgré elle fans fon confentement.

Tout ce qu'on trouve dans le *Talmud*, qui paroiffe avoir quelque
rapport avec la décifion de Haïm Jofeph Azulaï, c'est ce qu'on
lit au *Sanhedrinn*, folio 22, dans l'*Agada*, ou Allégories, *que
l'Autel pleure fur celui qui renvoye fa premiere femme*. Un autre Rabbin
a dit dans le même fens, que *fes pas fe raccourciffent*; un autre
que *fon efprit diminue*. Mais les Juifs ne fuivent point l'*Agada* ou
les Allégories, dans la pratique; & bien loin que de ces termes de
l'*Agada* on puiffe conclure qu'il n'eft pas permis de répudier fa premiere femme, il faut en tirer une conféquence toute oppofée. Puifque
l'Autel pleure fur celui qui répudie fa premiere femme, il s'enfuit qu'on peut

n'eût fait, ou dit quelque chofe de deshonnête ;
l'Ecole de Hillel , bien plus fameufe , celle de

répudier fa premiere femme , l'Autel ne pleureroit pas fur un divorce
qui n'en feroit pas un , qui demeureroit fans effet.

Haim Jofeph Azulaï , le champion de la dame Sara Mendès d'A-
cofta , ajoute qu'il exifte un anathême , prononcé par un très-grand
Rabbin fort ancien , qui défend de répudier une femme malgré elle.
Ce très-grand Rabbin fort ancien , eft , dit-on , le Rabbin Guerfon.

Mais , premierement , le *Chulchanne aroush* , ouvrage eftimé des
Juifs à l'égal du Talmud , dont il eft une efpèce d'extrait , nous apprend
que l'anathême du Rabbin Guerfon a été rejetté par plufieurs Synagogues , & en particulier par celles de France , connus alors fous le
nom de *Juifs Provençaux.*

Enfuite , & ceci tranche net , le Rabbin Guerfon avoit limité lui-
même la durée de fon anathême à la fin de l'an du monde 4999.
Nous fommes en l'année 5582 ; & fuivant la maniere des comptes
des Juifs , en l'année 5539. Il y a au moins 539 ans que , fans encourir
l'anathême prononcé par Guerfon , un mari Juif peut renvoyer fa
femme malgré elle.

Il eft vrai que des Rabbins Polonois prétendent que l'anathême
de Guerfon a été renouvellé pour leur pays par des Rabbins de Pologne qu'ils ne nomment pas. Mais ces mêmes Rabbins decident net-
tement que cet anathême ne frappe que contre des Juifs Polonois.

Dans le *Beerhetibe* , ouvrage qui n'a pas trente ans de date ,
il eft decidé , chapitre 1er. *Ilcot Pieria-Veeribia* , ou traité de la multiplication & de la population , que les femmes ne font point foumifes
à l'anathême , & qu'en conféquence deux Juives Polonoifes peuvent
époufer un Juif-Portugais.

Il faut obferver que l'anathême de Guerfon , prétendu renouvellé
par les Rabbins Polonois , défend d'époufer deux femmes , comme d'en
répudier une malgré elle.

L'Auteur de *Beerhetibe* , en reconnoiffant que deux femmes Polonoifes qui ne pourroient pas époufer un Juif Polonois , peuvent épou-

Maimoinde , celle de Barteinora , celle d'Akiba ,
tiennent que le plus léger prétexte fuffit au mari

---

fer un Juif Portugais , reconnoît donc que les Juifs Portugais ne font
point foumis à l'anathême ; & fi l'anathême n'a lieu pour la polygamie
que contre les Juifs Polonois , il s'en fuit qu'il n'a lieu que contre les
Juifs Polonois pour le divorce forcé.

Quant à ce que dit le Rabbin Haim Jofeph Azulaï dans fa décifion ;
& que la dame Sara Mendès d'Acofta paroît vouloir préfenter comme
une circonftance décifive en fa faveur, que l'on ne peut pas répudier
une femme dont on a des enfans. On répond :

1°. Que de toutes les Loix qui ont adopté le divorce , il n'en eft
aucune qui ait diftingué le cas où il y avoit des enfans de celui où il
n'y en avoit pas. La loi des Juifs n'a pas plus diftingué que celle
des autres Peuples , & la preuve que dans l'ancienne Synagogue le divorce avoit lieu quoiqu'il y eût des enfans , c'eft que les Hiftoriens
remarquent comme un des inconvéniens du divorce le préjudice qu'en
recevoient les enfans. C'eft en particulier la refléxion que fait le
fçavant & judicieux Abbé de Fleury , dans fon excellent ouvrage des
Mœurs des Ifraélites. Il y parle , n. 14 , des embarras de la Polygamie ; puis il ajoute : « la liberté de fe quitter par le divorce avoit auffi
de fâcheufes fuites ; on s'engagoit plus légérement , on fe contrai-
gnoit moins l'un pour l'autre , & la multitude des mariages pouvoit
aller à un tel excès que ce n'étoit plus qu'une débauche palliée. . . .
les enfans en fouffroient auffi beaucoup , ils demeuroient orphelins
du vivant de leur pere & de leur mere ; & il étoit bien difficile qu'ils
ne fuffent odieux à l'un des deux , & qu'ils ne priffent le parti de l'un
ou de l'autre »,

2°. La Mishna , le Talmud , & tous les ouvrages des Rabbins , fup-
pofent néceffairement la même vérité : tous en effet exigent unanimement que le libelle de divorce foit daté ; la raifon qu'ils en donnent,
la voici : c'eft qu'il eft néceffaire de fçavoir de quel jour le mariage
eft rompu , pour fçavoir de quel jour les fruits de la dot ont ceffé
d'appartenir au mari , & pour affurer l'état des enfans. Les Sages ,

pour renvoyer fa femme ; mais ce qui tranche
toute difficulté , c'eſt que les opinions des Rabins

---

dit la *Mishna* , & le Talmud tient le même langage , les Sages ont
exigé que le libelle de divorce fût daté , à cauſe des fruits que le mari
pourroit s'approprier , & à cauſe des enfans qu'une femme répudiée
pourroit avoir dans la ſuite.

Il réſulte bien clairement de ces obſervations que le député des Juifs
de la Paleſtine en a impoſé lorſque dans ſa déciſion prétendue, il a donné
comme un point conſtant qu'il n'étoit pas permis de répudier ſa premiere femme , malgré elle , quand on en a eu des enfans. Ni la cir-
conſtance que c'eſt une premiere femme , ni l'exiſtence des enfans,
ni ſon refus d'accepter le divorce ne peuvent , même à conſulter les
déciſions des Rabbins , faire obſtacle à la légitimité du divorce.

Mais , on ne ſçauroit trop le répéter , ces déciſions des Rabbins,
& les anathêmes qu'ils prononcent ne ſont que pour le for de la
conſcience. Un Juif hardi peut , même en Pologne , épouſer deux
femmes , ou renvoyer celle qu'il a épouſée malgré elle , & courir
les riſques de l'anathême prétendu renouvellé de Guerſon.

Une autre prétention de la dame Sara Mendès d'Acoſta , eſt que
par l'uſage le libelle de divorce eſt aſſujetti à une multitude de petites
formalités , comme d'être écrit ſur du velin , avec telle plume , en
tant de ligne , en tels caractères.

Mais , 1°. toutes ces formalités ne ſont point dans la loi , & c'eſt
ſur la loi , non ſur les opinions de quelques Rabbins , que ſe doivent
juger ces ſortes de matieres ; tout ce que la loi exige , c'eſt que le
mari écrive le libelle de divorce & qu'il le remette à ſa femme ; cette
formalité eſt indiſpenſable , il faut bien que la femme ait un titre qui
conſtate ſa liberté & qui la mette à couvert des recherches de ſon mari.
Mais cette formalité remplie , la loi eſt ſatisfaite ; elle ne demande pas
autre choſe.

2°. A quoi tendroient ces formalités minutieuſes , & que gagneroit
la dame Sara Mendès d'Acoſta , à faire annuller le libelle de divorce
qui lui a été donné par le ſieur Peixotto ? Un premier libelle de di-

ne font pas la loi. Les Rabins ont examiné la
queſtion dans le for intérieur, & nous l'examinons

---

vorce rejetté pour un vice de forme, un ſecond plus régulier y
ſuccéderoit auſſi-tôt; & ſi ce ſecond étoit encore annullé, le mari
en ſeroit quitte pour en donner un troiſiéme, puis un quatriéme ; car
ſurement on ne prétendra pas que les nullités en cette matiere ſoient
comme en matiere de retrait, irréparables, & faſſent déchéoir le mari
du droit qu'il a de renvoyer ſa femme, quand elle lui déplaît.

3°. De l'aveu de la dame Sara Mendès d'Acoſta, l'objet des Rabbins,
qui ont imaginé ces formalités puériles & minutieuſes, a été de donner
aux Parties le temps de ſe réconcilier : ici la réconciliation eſt-elle
poſſible ? La dame Sara Mendès d'Acoſta n'y a-t-elle pas mis un obſtacle invincible par les calomnies atroces qu'elle a répandues contre
le ſieur Peixotto ? Ne renonce-t-elle pas elle-même à toute eſpece de
réunion, aujourd'hui qu'elle demande la ſéparation de corps ? Les Rabbins qu'elle invoque, devroient donc être les premiers à déclarer qu'ici
les formalités ſont inutiles & ſans objet ; qu'il n'y en a pas d'autres
à obſerver que celles qui ſont néceſſaires pour former une preuve
authentique du divorce.

4°. Enfin, ſi quelques Rabbins ont aſſujéti le libelle du divorce
à mille formalités minutieuſes, d'autres Rabbins plus célèbres l'en ont
affranchi. Gamaliel, Schimeon, Maimonide, Surenhuſius, & une
foule d'autres, placent le libelle de divorce à côté de l'acte d'affran-
chiſſement, & après avoir établi que les actes ſignés de témoins ido-
lâtres ſont nuls, ils en exceptent les actes de divorce & d'affranchiſ-
ſement. Ces actes, diſent-ils, ſont valables & réguliers, quoique ſignés
de témoins Gentils. Ils ajoutent que pendant la captivité de Babylone,
les Juifs s'étoient accoutumés à parler Caldéen ; que de retour en
Iſraël les Sages permirent, pour la commodité du Peuple, d'écrire le
libelle du divorce en cette langue, & que depuis cette époque on a
conſervé cet uſage, *quoiqu'il ſoit permis de l'écrire en quelle que langue
que ce ſoit* ; & voici la formule qu'ils donnent du libelle du divorce:
Cejourd'hui (on nomme le jour de la ſemaine) le . . . . . .

ici

ici dans le for extérieur : c'est du for extérieur
seul qu'il s'agit.

Cent ans & plus avant la prédication de l'Evangile,
on vit l'ancienne Synagogue s'occuper férieufement
du divorce & des diverfes queftions qui en concernent la légitimité. Frappés de ce qu'on trouve à
ce fujet dans divers livres de l'Ecriture, quelques
Docteurs fe doutèrent que la faculté accordée par
Moïfe, pouvoit bien n'être que civile, ou, ce
qui revient au même, affranchir le divorce de la

» du mois. . . . . . de l'année. . . . . . en comptant depuis la créa-
» tion du monde, ou de l'époque de laquelle on a coutume de dater
» dans ce pays-ci : moi, Abraham, fils de David, natif du lieu de
» . . . . . . , de quels que autres noms & furnoms que je fois connu, ou
» que foient connus mes parens, ma maifon & celle de mes parens, de
» ma propre volonté, & fans y être aucunement contraint ; je vous
» renvoye ou vous répudie, vous qui avez été ci-devant mon époufe,
» Rebecca, fille de Ruben, native du lieu de. . . . quels que foient
» tous autres noms & furnoms fous lefquels vous puiffiez être connue,
» vous, vos parens, votre maifon & celle de vos parens. Dès-à-
» préfent je vous congédie, vous renvoye, & vous répudie ; afin
» que vous foyez en votre puiffance, que vous ne dépendiez que de
» vous par la fuite, que vous vous mariez à qui bon vous femblera, &
» que dès aujourd'hui perfonne ne forme aucun empêchement en mon
» nom : qu'il foit permis à qui voudra de vous époufer. Prenez de ma
» part le libelle de répudiation comme un témoignage de votre li-
» berté, & comme un acte de divorce, fuivant la loi de Moïfe & des
» Ifraélites.

    » Jochanas, fils de Lodoch, témoin,
    » Eliezer, fils de Jacob, témoin,

E

peine temporelle ; fans que l'action en fût moins
répréhenfible devant Dieu. Il ne leur fut pas même
difficile de le conclure d'après tout ce que les Prophetes en avoient dit de fa part : & de-là une fecte
qui, fans aller à cet égard auffi loin que l'Evangile,
ne laiffoit pas de s'en rapprocher ; mais les opinions
de cette fecte, qui ne fut jamais dominante, ne
fortoient point des écoles. Les chofes alloient toujours même train, & tout mari, qui voulut répudier fa femme, le put faire fans crainte d'être re-
cherché. Nous en citerons deux exemples bien
éclatans.

Le premier eft dans l'Evangile. Saint Jofeph fe
perfuade que Marie s'eft rendue coupable d'adultere. Il ne veut pourtant pas la traduire en juftice
& lui faire fubir la peine prononcée par la loi ; mais,
ne pouvant auffi fe réfoudre à vivre avec elle, il
forme le projet de la renvoyer fecretement : *cum effet
juftus & nollet eam traducere, voluit occulte dimittere
eam* ; ce qui ne fignifie pas que le divorce feroit de-
meuré fecret. La chofe eût-elle été poffible ? L'E-
vangélifte, ainfi que l'a très bien remarqué Grotius,
entend que, par le projet de divorce, le foupçon
d'adultere ne devoit point éclater ; à la place d'une
accufation publique qui eût dû fe porter dans les

Tribunaux, faint Joseph met une féparation qui fe
fait d'autorité privée, & fans en déduire les caufes :
*OCCULTE non quidem confcio nemine, fed privatim,
id eft, fine judicio publico & non reddita caufâ : id
enim hic valet vox ifta oppofita tôparadeigmatizein,
quod eft exemplum facere.*

Un autre Joseph, c'eft l'Hiftorien, contemporain
de faint Joseph, dit de lui-même dans fa vie qu'il
répudia fa femme par la feule raifon que fes manieres ne lui plaifoient pas : *uxorem dimifi quod ejus
mores mihi non placerent.*

Ces deux exemples prouvent invinciblement que
les opinions des Rabbins ont toujours été fans conféquence dans l'ufage, (1) & que le divorce, au-

---

(1) Bien loin que les opinions des Rabbins aufteres aient paffé dans
l'ufage, ce font, au contraire, les opinions des Rabbins relâchés qui
ont été adoptées dans la pratique. Quelques Docteurs ignorans ou
corrompus, ayant avancé que les femmes devoient avoir la même
liberté que les hommes, on vit bientôt les femmes fe prévaloir de
cette affertion téméraire ; l'hiftoire nous en fournit des exemples
célebres.

Salomé, fœur d'Hérode, envoya le libelle de divorce à Coftobarus,
& fe remaria. Hérodias répudia fon mari pour époufer Hérode ; &
Bérénice, Reine de Paleftine & fœur d'Agrippa, répudia de même
Polémon, Roi de Lycie, qu'elle avoit engagé à fe faire Juif, pour
l'époufer.

C'étoient-là fans doute des abus. La loi ne donne la liberté de répudier qu'au mari & non à la femme. Auffi l'Hiftorien Joseph blâme-

E ij

torifé par la loi, eft en même temps dégagé par la loi de toutes entraves, de toutes formalités. Le mari écrit un libelle de divorce, le donne à fa femme, la renvoie, & le lien du mariage ne fub-fifte plus.

Terminons nos difcuffions, fur cette première queftion, par une citation qui ne peut être que d'un grand poids auprès de toutes les perfonnes fenfées. C'eft un paffage des *Lettres de quelques Juifs Portugais, Allemands & Polonois, à M. de Vol-taire.* On fait avec quels applaudiffemens cet Ouvrage a été reçu de tous les Savans, Chrétiens & Juifs. Voici de quelle maniere l'Auteur parle du divorce, tome 3, page 200.

» Des femmes qui favoient qu'un mari *pouvoit*
» *les répudier à tout inftant,* lui étoient plus foumi-
» fes, & s'étudioient davantage à lui plaire ; elles

---

t-il hautement la conduite de Salomé ; & Saint Jean-Baptifte ne ceffoit de dire à Hérode : *non licet tibi habere eam :* il ne vous eft pas permis de l'avoir pour femme ; parce que c'eft Hérodias, & non fon mari, qui avoit donné le libelle de divorce : mais ces abus prouvent de plus en plus, que le divorce fe pratiquoit fans le miniftere du Juge. Sûrement ni Salomé, ni Hérodias, ni Bérénice ne parurent en jugement pour faire déclarer leurs mariages diffous par le di-vorce.

» devoient craindre de donner lieu à fes mécon-
» tentemens & à fes foupçons, foit par une humeur
» difficile & par leurs conteftations entr'elles, foit
» par des manieres trop libres, & des liaifons fuf-
» pectes «.

» Reftraint dans de fages limites, il pouvoit
» encore être utile à la population, en fubftituant
» une époufe agréable à une femme dont le mari
» auroit eu de juftes fujets de plainte ou de dé-
» goût «.

Et aux pages 203 & 204, » d'abord il (Moïfe)
» ne permet pas que le divorce fe faffe comme il
» fe faifoit chez tant de peuples, verbalement: il
» exige un acte par écrit. Cette précaution fervoit
» à conftater le nouvel état de la femme, & la
» liberté où elle étoit de fe remarier. Par-là étoient
» prévenues les conteftations que le regret & la
» jaloufie du premier mari pouvoient occafionner.
» La néceffité de cet acte par écrit avoit encore
» un autre avantage. Ceux des maris qui ne fa-
» voient point écrire, étoient obligés de recourir
» à leurs amis ou aux écrivains publics; & cette
» démarche donnoit le temps aux premiers mou-
» vemens de fe calmer, & aux réflexions de naître.
» Les confeils d'un ami fage venoient à l'appui;

» & le caractere des écrivains publics, c'étoient des
» Prêtres & des Lévites, devoit donner du poids
» aux remontrances qu'ils ne manquoient proba-
» blement pas de faire dans ces circonstances ; mais,
» quand le mari auroit su écrire, c'est toute autre
» chose de donner un congé verbal ou de faire
» un acte par écrit : l'un emporte plus de ré-
» flexions que l'autre, & il n'est pas douteux que
» cette obligation n'ait empêché plus d'un di-
» vorce «.

» 2°. Si le Législateur *laisse le mari seul juge*
» *du motif qui l'engage à répudier sa femme, sans*
» *qu'on puisse l'inquiéter ni le poursuivre judiciai-*
» *rement à ce sujet;* il suppose pourtant qu'il en aura
» un raisonnable, & que ce ne sera ni le libertinage,
» ni pur caprice, *mais quelque défaut* qu'il aura
» trouvé en elle «.

Sur quoi l'Editeur fait cette Note. » Ce défaut
» relatif à la maniere de penser du mari, *pouvoit*
» *être léger en soi ;* ainsi une femme n'étoit point
» déshonorée par le divorce, & elle pouvoit aisé-
» ment trouver un autre mari, sur-tout dans un
» pays polygame «.

Ces témoignages d'un Auteur, dont on ne sus-
pectera ni les lumieres, ni la sagesse, ne laissent sans

doute rien à defirer fur la liberté indéfinie que la loi judaïque donne aux maris de répudier leurs femmes.

Mais les Juifs peuvent-ils pratiquer le divorce au milieu de nous, comme ils le pratiquoient à Jerufalem, dans l'ancienne Synagogue ? C'eft la feconde queftion qu'il nous refte à examiner.

SECONDE QUESTION.

Les Juifs peuvent-ils pratiquer le divorce au milieu de nous ?

Depuis l'établiffement de la loi évangélique, les Juifs peuvent-ils, fans fe rendre coupables aux yeux de Dieu, pratiquer le divorce ? Une autorité fupérieure à celle de Moïfe n'a-t-elle pas révoqué la difpenfe qui avoit été accordée de la loi de l'indiffolubilité & ramené l'obligation des deux époux à la premiere inftitution ? C'eft de quoi il ne peut pas être queftion, pas plus que de favoir fi depuis l'établiffement de la loi évangélique, les Juifs peuvent continuer de fuivre la loi de Moïfe, s'ils peuvent circoncire leurs enfans au lieu de les faire baptifer, être Juifs & non pas Chrétiens. La feule queftion à examiner eft de favoir fi les Juifs peuvent au milieu de nous ufer du divorce, renvoyer leurs femmes, en prendre d'autres, fans armer contre eux la rigueur de nos loix, fans encourir les peines portées contre les bigames. Pour fe décider fur cette queftion, il eft effentiel de commencer par fe former une jufte idée de l'état actuel du peuple Juif.

Salmanazar, Roi d'Affyrie, détruifit le royaume d'Ifraël, l'an du monde 3283, & difperfa les dix tribus de côté & d'autre. Environ cent ans après Nabuchodonofor prit Jérufalem, ruina le temple & emmena les habitans à Babylone. Cyrus leur permit à la vérité de retourner dans leur patrie, de reconftruire le temple & de rétablir le culte du Très-Haut ; mais un très-grand nombre d'Ifraélites & de Judéens ne profiterent point de la permiffion, ils aimerent mieux refter dans un pays qui étoit devenu le leur, que d'aller tirer de fes ruines une ancienne patrie que plufieurs ne connoiffoient que de nom.

Ces Ifraélites & ces Judéens, connus depuis fous le nom unique de Juifs, fe multiplierent dans les différentes

différentes parties du monde où ils étoient répandus : d'autres, depuis le retour de Babylone, s'expatrierent volontairement pour fe former des établiffemens de commerce dans l'Afie, dans l'Afrique & dans l'Europe : & lorfque Jefus-Chrift parut fur la terre, il y avoit des Juifs *dans tous les pays qui font fous le ciel*, comme parle l'Ecriture. Ainfi les nations étoient préparées à la connoiffance de l'Evangile par la connoiffance de la loi de Moïfe.

Ces Juifs répandus fur toute la face du globe ne fe confondoient point avec les peuples au milieu defquels ils habitoient. Ils y formoient un corps de nation diftinct & féparé qui avoit fa religion, fes loix, fes mœurs & fes ufages.

A Babylone même, quoiqu'ils y euffent été conduits chargés de fers & fous bonne garde, leur captivité n'étoit point celle de nos prifonniers de guerre, & encore moins celle des Chrétiens efclaves en Barbarie. L'Ecriture en parle fouvent comme d'une tranfmigration, & nous l'appellerions plutôt une colonie qu'une fervitude. Ils habitoient au mimilieu des Babyloniens avec la liberté d'acquérir des fonds & des maifons, & de fe gouverner felon leurs loix. On voit même par l'hiftoire de la chafte Sufanne qu'ils avoient des juges de leur nation pour

F

régler les différends qui s'élevoient entre eux, & que ces juges avoient droit de vie & de mort. Leur état ressembloit assez à celui de ces Arméniens dont un Roi de Perse transporta un grand nombre de familles dans un fauxbourg d'Ispahan, où ils habitent encore aujourd'hui, vivant selon les mœurs de leur nation, exerçant la religion chrétienne, & faisant le commerce en toute liberté comme dans leur propre pays.

L'état des Juifs dans les autres parties de l'univers ne fut gueres plus dur qu'il ne l'avoit été à Babylone pendant les soixante-dix années de la captivité. Ils y vivoient en liberté sous la protection des loix, comme des étrangers, comme membres de la république juive dont le siége étoit à Jérusalem. Ils avoient des Synagogues, & dans chaque province des chefs de leur nation nommés en grec *Ethnarques* qui les jugeoient selon leur loi : ceux d'Egypte sont fameux entre les autres.

Depuis la prise de Jerusalem par Titus & la ruine du second temple, les Juifs ont été entièrement bannis de leur ancienne patrie. Dispersés de tous les côtés, sans Chefs, sans Prêtres, sans sacrifices, ils n'ont plus eu un point de réunion, mais ils ont toujours & par-tout confervé la liberté de fuivre entre eux leur religion & leur loi ; ils l'ont confervée cette liberté en Europe, en Afie, en Afrique : à Conftantinople, où ils ont plus de trois cens fynagogues ; à Prague, où ils ont un tribunal compofé en entier d'Officiers Juifs ; à Londres, dans la Hollande, où ils tiennent les rênes du commerce ; dans l'Italie, à Rome, dans la Sicile, où ils forment plus de la dixieme partie des habitans, & font gouvernés par des Magiftrats de leur nation.

Si les Juifs ont été quelquefois & dans certains pays perfécutés, maltraités, ç'a toujours été par l'envie, par l'avarice, par la fauffe politique, couverte du manteau de la religion. Par-tout où le véritable efprit de la religion a été connu on les a crus dans un aveuglement coupable ; mais on ne s'eft pas pour cela eftimé en droit de les outrager, de les haïr ou de les méprifer ; on les regarde toujours comme nos peres dans la foi, comme un peuple encore cher à Dieu à caufe des promeffes faites à Abraham ; & tout en condamnant leur attachement à une loi qui a été abolie, on les reçoit, on les protege, on les autorife à exifter comme Juifs & à vivre fuivant leurs loix & leur religion. Tels ont été les fentimens des Apôtres, des premiers

Peres de l'Eglife, des Princes les plus juftes & les plus éclairés.

Les premiers fideles de l'Eglife de Rome fembloient méprifer les Juifs qui, après avoir reçu tant de témoignages éclatans de la divine miféricorde, demeuroient dans l'incrédulité, & ils en concluoient que ce peuple, autrefois fi chéri du Ciel, Dieu l'avoit pour jamais rejetté de fa face. Avec quelle force faint Paul dans fon Epître aux Romains, chapitre II, ne s'éleve-t-il pas contre une façon de penfer auffi peu chrétienne ? Quoi donc, leur dit-il, eft-ce que Dieu a rejetté fon peuple ? Non; en ce moment les Juifs femblent être ennemis à caufe de l'Evangile, mais ils font toujours chers à caufe de leurs peres : *num quid Deus repulit populum fuum ? Abfit..... fecundùm Evangelium quidem inimici propter vos ; fecundùm electionem autem chariffimi propter patres.* Ils font aujourd'hui dans l'incrédulité ; mais leur incrédulité n'aura qu'un tems, elle ceffera lorfque la plénitude des nations fera entrée dans le fein de l'Eglife : *quia cæcitas contigit ex parte in Ifrael, donec plenitudo gentium intraret.* Un jour viendra qu'ils ouvriront les yeux à la lumiere, ils fe prefferont d'entrer dans l'Eglife de Jefus-Chrift,

& ils y ranimeront le feu de la charité ; car fi leur chûte , continue l'Apôtre , a été la richeffe du monde , & fi leur diminution a été la richeffe des Gentils , combien leur plénitude les enrichira-t-elle encore davantage ? Si leur perte eft devenue la ré-conciliation du monde , que fera leur falut , finon un retour de la mort à la vie ? *Quod fi delictum illorum divitiæ funt mundi & diminutio eorum divitiæ gentium , quanto magis plenitudo eorum ? . . . . Si enim amiffio eorum reconciliatio eft mundi , quæ affumptio nifi vita ex mortuis ?*

Deftinés à renouveller un jour la face du Chriftianifme , & , en attendant , à former un corps de témoins non fufpects , qui dépofent hautement de la divinité des Ecritures ; les Juifs ont vu la haine , la jaloufie , toutes les paffions s'armer contr'eux , & ils en ont triomphé ; il entre , dit le favant Evêque de Meaux , il entre dans les décrets de l'Eternel , que la poftérité de Jacob fe foutienne au milieu de fa ruine , & que , jufqu'à la plénitude des temps , elle forme un peuple diftinct & féparé , unique par fon attachement inviolable aux loix & à la religion qu'il reçut du ciel. On ne voit plus aucun refte ni des anciens Affyriens , ni des anciens Mèdes , ni des anciens Perfes , ni des anciens

Grecs, ni même des anciens Romains : la trace
s'en eſt perdue, & ils ſe ſont confondus avec
d'autres Peuples. Les Juifs, qui ont été la proie
de ces anciennes Nations ſi célebres dans les hiſ-
toires, leur ont ſurvécu ; ils ſubſiſtent au milieu
des Peuples parmi leſquels ils ſont diſperſés depuis
dix-ſept ſiecles, ſans s'y mêler, ſans s'y confondre, & ils peuvent remonter, d'âge en âge, juſqu'à
leurs premiers peres.

Comment les Juifs auroient-ils pu réſiſter à la
révolution des ſiecles, éviter de ſe confondre avec
les différentes Nations, & ſe conſerver une exiſtence
à part, ſi les différentes nations ne leur avoient
pas laiſſé la liberté de ſuivre leurs loix & leurs
uſages, s'ils n'avoient pu habiter un pays qu'à la
charge d'en adopter les mœurs & la religion ? C'eſt
par leurs mœurs & leurs uſages, c'eſt par l'obſer-
vation rigoureuſe de la loi de Moïſe qu'ils ſont
Juifs, qu'ils ſont diſtingués de tous les peuples ;
qu'ils ſont reconnus pour être la poſtérité d'Abraham. Auſſi la même Providence qui veille ſur
leur exiſtence, leur a-t-elle, par-tout & dans tous
les temps, ménagé les moyens de la conſerver.

Nous trouvons dans le corps du Droit, ſous
la date du 8 Février 552, une loi de l'Empereur

Juftinien, qui leur permet de lire l'Ecriture fainte dans leurs Synagogues, en Grec, en Latin, ou en telle langue qu'ils voudront, pourvu qu'on ne la life en Grec, que felon les Septantes ou Aquila. La même loi défend ce qu'ils appellent la feconde Edition, ou la *Mishna*, qui ne contient que des traditions humaines.

On voit au Code Théodofien, qu'ils étoient autorifés à fe gouverner par des Patriarches, élevés aux dignités de Clariffimes & d'Illuftres ; que leur gouvernement étoit divifé par Synagogues & par Sanedrins ; que leurs Patriarches connoiffoient feuls des affaires relatives à leur religion ; que dans les autres Tribunaux, ils pouvoient exercer la profeffion d'Avocat, & remplir les fonctions munici-pales des Villes qui avoient droit de Curie.

Au livre 5 des Décrétales, il y a un titre fur les Juifs, c'eft le titre 6. On y a raffemblé les décrets des Conciles de Mâcon & de Latran, & les refcrits des fouverains Pontifes qui concernent les Juifs. Il y eft défendu de forcer les Juifs à recevoir le Baptême, de les troubler dans la célébration de leurs Fêtes, de violer le refpect dû à leurs cimetieres & de commettre aucune injuftice à leur égard ; il eft même défendu de rien changer à leurs usages : *consuetudines immutare*. Il leur est expressément permis de réparer, de reconstruire leurs Synagogues : seulement on ne veut pas qu'ils en construisent où ils n'en ont jamais eu.

Dans le Décret, I. P. Dist. 45, Chap. 3, le Pape Grégoire écrit à Paschase, Evêque de Naples, que les Juifs se sont plaints à lui que les Chrétiens les empêchoient de célébrer leurs fêtes. Vous avez tort, lui dit-il, de souffrir cette persécution. Espérons-nous amener les Juifs à la foi en Jesus-Christ par les mauvais traitemens? Ne travaillons-nous pas plutôt à les en éloigner? C'est par les voies de douceur, & non par les voies de rigueur, que nous devons chercher à les convertir. Laissez-leur donc une pleine liberté de célébrer leurs solemnités, comme ils ont fait jusqu'à présent.

Judæi si quidem Neapoli consistentes questi nobis sunt afferentes, quòd quidam eos à quibusdam feriarum suarum solemnitatibus irrationabiliter nitantur arcere, ne illis sit licitum festivitatum suarum solemnia colere, sicut eis nunc usque, & parentibus eorum longis retro temporibus licuit observare. Quod si ità se veritas habet, supervacuæ rei videntur operam dare. Nam quid utilitatis est; quando, & si contrà longum usum fuerint vetiti, ad fidem illis, & conversionem nihil proficit?

proficit ? Aut cur Judæis, qualiter cæremonias suas colere debeant, regulas ponimus, si per hoc eos lucrari non possumus ? Agendum ergò est, ut ratione potiùs, & mansuetudine provocati sequi nos velint, non fugere, ut eos, ex eorum Codicibus ostendentes quæ dicimus, ad sinum Matris Ecclesiæ Deo possimus adjuvante convertere. Itaque fraternitas tua eos monitis quidem, prout potuerit, Deo adjuvante, ad convertendum accendat, & de suis illos solemnitatibus inquietari denuò non permittat : Sed omnes festivitates, feriasque suas sicut hactenùs, tàm ipsi quàm parentes eorum per longa colentes retrò tempora tenuerunt, liberam habeant observandi, celebrandique licentiam.

A quelques orages près, que la superstition, le faux zele, ou plutôt la cupidité, leur suscita de tems à autre, les Juifs ne trouverent pas un azyle moins sûr en France que dans les autres pays.

Dom Bouquet, tome 6, page 659, rapporte une Ordonnance de Louis le Débonnaire, adressée aux Evêques, aux Comtes, aux Vidames, aux Viguiers & autres Officiers, par laquelle il déclare qu'il a pris sous sa sauve garde speciale, Domat,

G

Rabbin, & Samuël fon neveu ; en conféquence, il défend de leur faire payer, pour raifon des biens qu'ils avoient acquis, aucuns de ces droits barbares qui étoient alors en ufage.

Par cette même ordonnance, l'Empereur permet aux Juifs de vivre fuivant leur loi : *liceat eis fecundùm fuam legem vivere.* Il regle la forme de l'inftruction des conteftations qui s'éleveront entre les Juifs & les Chrétiens : *quod fi Chriftianus caüfam vel litem contrà eos habuerit, tres idoneos teftes Chriftianos, & tres Hæbræos fimiliter idoneos in teftimonium fuum abhibeat.* Enfin, il défend aux Chrétiens d'inviter les efclaves des Juifs à méprifer leurs maîtres, ou de les porter à fe faire baptifer, comme un moyen d'acquérir la liberté : *fuggefferunt etiam iidem Judæi celfitudini noftræ de quibufdam hominibus qui contrà Chriftianam Religionem fuadet mancipia Hæbræorum fub obtentu Chriftianæ Religionis contemnere dominos fuos & baptifari, vel potiùs perfuadent illis ut baptifentur, ut à fervitio dominorum fuorum liberentur; quod nequaquam facri Canones conftituunt.*

Le même Auteur, tome 6, page 379, & tome 8, page 463, rapporte les traités d'alliance que les Empereurs, Louis le Débonnaire & Charles le

Chauve, firent avec les Juifs de Barcelone contre les Sarrazins. Le Diplome de Charles le Chauve conftate que plufieurs de ces Juifs Efpagnols s'étoient réfugiés en France, & qu'il leur fût permis d'y vivre fuivant leurs loix : *liceat ipfis. . . . de fe & de propriis hominibus fecundùm propriam legem omnia mutuo definire. . . . inter fe vendere, concambiare, donare, pofteris relinquere. . . . juxtà legem eorum. . . . fecundùm antiquam confuetudinem. . . . juxtà prifcum morem.*

Un Edit, donné à Touloufe le 4 Juillet 1359, porte établiffement d'un Juge gardien & confervateur des Juifs, & des défenfes à tous autres Juges de prendre connoiffance de leurs affaires.

Un autre Edit du mois de Mars 1360, confirmé par des Lettres-Patentes de 1388, leur accorde la permiffion d'acquérir des maifons dans le Royaume, pour leurs habitations, & des terres pour fe faire enterrer.

Par des Lettres Patentes données à Paris le 4 Octobre 1364, Louis d'Evreux, Comte d'Etampes fut établi gardien & confervateur des Juifs, avec attribution de la connoiffance de leurs caufes, tant civiles que criminelles, tant en demandant qu'en défendant, tant en caufe principale que d'appel.

Mais l'état des Juifs en France a été plus affûré que jamais depuis la révolution qui fe fit en Efpagne fur la fin du quinzieme fiécle.

De temps immémorial les Efpagnes avoient été en grande partie peuplées de Juifs ; ces Juifs prétendent defcendre d'anciennes familles de la Tribu de Juda, qui y furent tranfportées lors de la captivité de Babylone, environ fix cens ans avant l'ere chrétienne. Si cette opinion, qui ne paroît pas trop bien appuyée, & que les Juifs des autres nations contredifent fortement, étoit vraie ; les Juifs Efpagnols auroient une poffeffion de deux mille trois cens ans à invoquer pour réclamer la liberté de demeurer en Efpagne.

Quoi qu'il en foit, ces familles juives de l'Efpagne étoient alliées aux plus grandes Maifons. Les Hiftoriens prétendent que la Reine Ifabelle en conçut de la jaloufie. Il eft plus vraifemblable que le Tribunal de l'Inquifition lui fit craindre qu'à la fin tous les grands Seigneurs ne fe fiffent Juifs, & que la religion Juive ne devînt la religion dominante. Elle preffa Ferdinand d'y apporter un prompt remede, de forcer les Juifs, ou à fe convertir, ou à fortir du royaume.

L'affaire fut propofée au Confeil du Roi d'Efpagne..Les plus fages Miniſtres s'oppoſerent pendant
long-temps de toutes leurs forces à l'expulſion des
Juifs : ils voyoient tout ce que le royaume alloit per-
dre en perdant un peuple nombreux, puiſſant, induſ-
trieux & négociant ; mais le fentiment de la Reine
prévalut. Le 30 Mai 1492 parut un Edit qui ordon-
noit à tous les Juifs de fe faire baptiſer dans ſix
mois, ou de fortir du Royaume.

Déformeaux, dans fon hiſtoire d'Efpagne, nous
apprend que cet Edit fit fortir des Efpagnes plus
de huit cens mille familles Juives, qui fe retirerent
en Portugal, en Angleterre, en Italie, en Allemagne
& en France. Bien-tôt le faux zèle les pourſuivit
en Portugal, & de nouvelles émigrations fuccéde-
rent à la premiere.

Preſſés par les rigueurs de l'inquiſition, les Juifs
Efpagnols & Portugais fe préfenterent en France au
commencement du feizieme fiécle, avec toutes les
richeſſes qu'un commerce de pluſieurs générations
avoit accumulées ; Henri II leur accorda des Lettres Patentes qui leur permettent *d'entrer dans le
royaume, d'en fortir, d'aller & venir fans aucun trouble & empéchement d'acquérir tous & chacun les biens
tant meubles qu'immeubles, qu'ils pourront licitement*

acquérir. Ces Lettres Patentes ont été renouvellées de regne en régne, & celles qui leur ont été don- nées depuis 1656, portent expreſſément la per- miſſion *de vivre ſuivant* (1) *leurs uſages*, avec

---

(1) Le Lecteur ne ſera pas ſûrement fâché de trouver ici le texte des dernieres Lettres Patentes accordées aux Juifs Portugais par le Roi regnant.

Lettres Patentes du Roi, confirmatives des Priviléges dont les Juifs Portu- guais jouiſſent en France depuis 1550, données à Verſailles au mois de Juin 1776, enregiſtrées au Parlement de Bordeaux.

LOUIS, par la grace de Dieu, Roi de France & de Navarre : A tous préſens & à venir ; SALUT. Par Lettres Patentes de Henri II, du mois d'Août 1550, en forme de Chartre, enregiſtrées au Parlement de Paris le 22 Décembre de la même année, & par pluſieurs autres Lettres Patentes données de régne en régne pour la confirmation de ces premieres, par les Rois nos Prédéceſſeurs, & notamment par Henri III, au mois de Novembre 1574, par Louis XIV, au mois de Décembre 1656, & par Louis XV, notre très-honoré Seigneur & aïeul, au mois de Juin 1723 ; leſdites Lettres enregiſtrées en notre Parlement de Bordeaux ; il a été permis, pour les cauſes y contenues, aux Juifs Eſpagnols & Portugais, conns ſous le nom de Marchands & de nouveaux Chrétiens, tant pour ceux qui étoient déja habitués en France, que pour ceux qui voudroient y venir par la ſuite, de ſe retirer, demeurer & réſider dans notre Royaume, Pays, Terres & Seigneuries de notre obéiſſance, & en telles villes & lieux dudit Royaume que bon leur ſemblera, & qu'ils connoîtront plus propres & commodes à leur trafic & exercice de leurs marchandiſes, & de toutes autres Manufactures, pour y vivre ſuivant leurs uſages, comme auſſi leurs femmes, enfans, familles, commis, facteurs & ſerviteurs, avec la faculté d'y trafiquer & faire le commerce ; même d'y acqué- rir & poſſéder toutes ſortes de biens meubles & immeubles, & d'en

défenfes de les y troubler *tant en jugement que de-*
hors. Les Juifs des autres Nations ont obtenu de

difpofer à leur volonté, fuivant les loix & ufages de notre Royaume :
& pareillement avec le droit d'y recueillir les fucceffions qui leur
feroient échues, tout ainfi qu'ils feroient & pourroient faire s'ils
étoient nés dans notredit Royaume, étant tenus, cenfés & réputés
tels, foit en jugement ou dehors ; enfemble leurs femmes, enfans
nés & à naître, ferviteurs, facteurs & entremetteurs, fans que pour
ce ils foient tenus de prendre aucunes Lettres particulieres, fi bon
ne leur femble, ni de payer audit Roi, ni à fes Succeffeurs, aucune
finance ni indemnité, de laquelle, à quelle que fomme qu'elle puiffe fe
montrer, ils ont été quittes & déchargés par lefdites Lettres Patentes.
   Lefdits Marchands Portugais Nous ont très-humblement fait expofer, par le fieur Rodriguez Pereire, leur Agent à Paris, Membre de
la Société royale de Londres, notre Penfionnaire & notre amé Secré-
taire-Interpréte pour les Langues Efpagnole & Portugaife, que leur
admiffion en France & la confirmation de leurs priviléges, qui depuis
plus de deux fiécles leur a été accordée de régne en régne, ont été
juftifiées, tant par leur attachement inviolable pour les Rois nos Prédéceffeurs & pour notre Perfonne facrée, que par leur application &
leurs talens dans le Commerce, à la profpérité & à l'étendue duquel
il ont contribué dans notre Royaume, par le moyen de leurs relations
au dedans & au dehors, & qu'ils ont même étendu par les nouvelles
branches qu'ils y ont ajoutées, le tout à l'avantage du public & de
nos revenus, fans qu'il foit jamais réfulté de leur féjour en France
& de leurs ufages particuliers, aucun inconvénient pour nos autres
Sujets ; & voulant favorablement traiter lefdits Expofans, après nous
être affuré de la bonne conduite defdits Marchands Portugais dans
les lieux où ils font établis, & les ayant reconnus pour bons, utiles
& fidéles Sujets, Nous avons bien voulu, à l'exemple des Rois nos
Prédéceffeurs, leur accorder des marques de notre bienveillance &
de notre royale protection.
   A CES CAUSES & autres bonnes confidérations, à ce Nous mou-

semblables Lettres Patentes ; & si les Juifs Portugais ont à Bordeaux une Synagogue, des assemblées,

---

vant, de l'avis de notre Conseil, & de notre certaine science, pleine puissance & autorité royale, Nous avons confirmé, & par ces présentes signées de notre main, confirmons tous & chacun les priviléges, franchises & immunités qui ont été accordés auxdits Marchands Portugais par les Lettres Patentes en forme de Chartres, données en leur faveur au mois d'Août 1550, & par les autres Lettres Patentes des Rois nos Prédécesseurs ; maintenons lesdits Marchands Portugais; tant ceux qui sont déja établis & domiciliés dans notre Royaume, Pays, Terres & Seigneuries de notre obéissance, que ceux qui voudront y venir dans la suite, dans la pleine possession & paisible jouissance desdits priviléges, à la charge de se faire immatriculer pardevant les Juges des lieux qu'ils auront choisis pour leur résidence ; leur permettons d'y demeurer & vivre suivant leurs usages, ainsi qu'à leurs femmes, enfans, commis, facteurs & serviteurs, & à leurs successeurs à perpétuité ; voulons qu'ils soient traités & regardés ainsi que nos autres Sujets nés en notre Royaume, & qu'ils soient réputés tels, tant en jugement que dehors ; faisant très-expresses inhibitions &] défenses de leur donner aucun trouble ni empêchement. Si Donnons en mandement à nos amés & féaux Conseillers, les Gens tenans notre Cour de Parlement à Bordeaux, Présidens, Trésoriers de France généraux de nos finances, & à tous autres nos Officiers & Justiciers qu'il appartiendra, que ces Présentes ils aient à faire lire, publier & enregistrer, & du contenu en icelles faire jouir & user pleinement & paisiblement les Exposans, ensemble leurs femmes, enfans, familles, commis, facteurs & serviteurs & leurs successeurs à perpétuité ; sans souffrir qu'il leur soit fait ni causé *aucuns troubles & empêchemens en quelque manière que ce puisse être, ni qu'ils soient recherchés en façon quelconque pour raison de leurs usages ou manière de vivre, nonobstant tous Edits, Déclarations, Arrêts, Ordonnances, Lettres & autres choses, tant anciennes que modernes, à ce contraires ; auxquels, de quelle que nature que ces choses soient ou puissent être, Nous avons dérogé &*

d'anciens

d'anciens qui réglent ce qui concerne leur Loi &
leur police intérieure, les Juifs Allemands & Polo-
nais jouiffent des mêmes avantages à Metz & dans
toute l'Alface.

L'état des Juifs eft donc aujourd'hui le même
qu'il a été pendant la captivité de Babylone. C'eft
celui d'un grand peuple fubfiftant, confervant fon
unité malgré fa difperfion. En France, en Allemagne, en Hollande, en Angleterre, quelle que part
que ce foit, les Juifs ne font point membres de la

---

dérogeons en faveur defdits Marchands Portugais par cefdites Préfentis ; aux
copies defquelles, collationnées en due forme par l'un de nos amés
& féaux Confeillers-Secrétaires, voulons que foi foit ajoutée comme
à l'original : CAR tel eft notre plaifir.

Et afin que ce foit chofe ferme & ftable à toujours, Nous avons
fait mettre notre fcel à cefdites Préfentes. DONNÉ à Verfailles au
mois de Juin l'an de grace mil fept cent foixante-feize, & de notre
régne le troifiéme. *Signé* LOUIS. *Et plus bas :* par le Roi, BERTIN.
Vifa HUE DE MIROMENIL. Et fcellé du grand fceau de France fur
cire verte.

Le huit Mars mil fept cent foixante-dix-fept, en conféquence de
l'Arrêt de la Cour du 26 Février dernier, les préfentes Lettres Patentes ont été enregiftrées ès Regiftres du Greffe de la Cour, pour
y avoir recours quand befoin fera, & jouir par les Impétrans du contenu en icelles; conformément à la volonté du Roi.

Fait à Bordeaux audit Greffe lefdits jour, mois & an que deffus.
Collationné. *Signé* BARRET.

H

société politique au milieu de laquelle ils vivent ; ils ne sont obligés d'en connoître les Loix que pour ce qui concerne leurs possessions & les engagemens qu'ils contractent avec des citoyens. Considérés comme Juifs, & sous les rapports qu'ils ont entr'eux comme Juifs, ils sont des membres épars de la Nation Juive, gouvernés uniquement par les Loix de la Nation Juive. C'est sur les dispositions de la Loi Judaïque, la même par-tout, que se reglent les cérémonies de religion, les parentés, les alliances, les successions ; c'est suivant le rit Judaïque que se célébrent les mariages, & que se forme l'état des enfans ; c'est donc aussi sur la Loi de Moïse qu'il faut juger de la nature & de la force du lien qui résulte du mariage contracté entr'eux ; & comme il a été démontré sur la premiere question qu'aux termes de la Loi Judaïque, le lien du mariage se dissout par le divorce ; il s'ensuit qu'un Juif marié à une Juive, suivant le rit Judaïque, a, parmi nous, comme ailleurs, la liberté de donner à sa femme le libelle de divorce, de la renvoyer & de se marier.

Dans le Mémoire imprimé de la dame Sara Mendez d'Acosta pag. 30 & 31, on prétend distinguer ce qui eft de précepte dans la Loi Judaïque, de ce qui eft de fimple faculté. Il eft jufte, dit-on, de ne pas affujettir les Juifs aux regles de notre police, qui peuvent être contraires à leur Loi ; mais dans les points de leur loi, qui leur accordent feulement une faculté ou une licence de faire ce que nos Loix défendent ; il eft très raifonnable de ne pas permettre qu'ils ufent de cette faculté : & on ajoute que la Loi des Juifs leur permet la polygamie, que cependant, il n'y a pas d'Etat Chrétien où on leur permette d'ufer de ce droit. Cette diftinction eft deftituée de fondement, & contraire à l'ufage univerfel de tous les Etats de l'Europe.

En permettant aux Juifs de vivre fuivant leur Loi, les Etats qui les ont reçus, ne leur ont pas feulement permis de fuivre leur Loi, en tant quelle ordonne ou qu'elle défend : ils leur ont permis en général & fans reftriction, de faire tout ce qui eft autorifé par leur Loi, & qui n'eft pas de nature à troubler directement l'ordre focial. Les Juifs n'avoient befoin de la permiffion des Gouvernemens, ni pour s'abftenir des viandes défendues par leur Loi, ni pour pratiquer les ablutions & les expiations qui font commandées par leur Loi ; chacun à cet égard eft libre de vivre judaïquement. C'eft fingulierement pour

les chofes qui font licites dans leur Loi , & défendue
par les nôtres , que les Juifs ont eu befoin de l'auto-
rifation fpéciale du Gouvernement. Auffi dans les
Etats Chrétiens (1) , comme dans la Chine , dans la

---

(1) Si la polygamie pouvoit être interdite aux Juifs dans quelques pays
Chrétiens , ce feroit fans doute en Italie , où eft le fiege & le centre
du Chriftianifme ; mais tous ceux qui y ont voyagé fçavent qu'il n'y a
rien de plus commun que d'y voir des Juifs , maris de deux ou trois
femmes en même tems.

On pourroit citer une foule d'autorités, pour établir que les Juifs ufent
de la liberté d'époufer plufieurs femmes , même dans les Etats Chrétiens. On fe bornera au témoignage d'un Auteur qui n'eft pas fufpeét :
c'eft celui de Giovanni, Chanoine de l'Eglife Métropolitaine de Palerme
& Inquifiteur Fifcal de la fouveraine Inquifition de Sicile.

Dans un ouvrage imprimé à Palerme en 1758 , fous le titre de
l'*Ebraifmo della Sicilia*, il examine chapitre 2 , la caufe de la grande
population des Juifs ou Hebreux dans fon Ifle ; population qui eft telle ,
dit-il , qu'ils ont obtenu, comme un privilege fpécial , de n'être réputés
former que la dixieme partie des Siciliens , & de ne porter entr'eux
tous que la dixieme partie des impôts publics. Il donne deux raifons
de cette prodigieufe multiplication.

La premiere raifon eft, que chez eux le célibat eft un crime , & que
celui qui ne fe marie pas, eft réputé homicide de tous les enfans auxquels il eût pu donner le jour. Voici la feconde raifon.

De plus leurs Rabbins Talmudiftes enfeignent que chacun peut prendre plufieurs femmes à la fois, pourvu qu'il ait de quoi les foutenir
fuivant fa condition. Les plus fenfés confeillent de s'en tenir à quatre ,
mais ils n'eftiment pas que celui-là faffe mal, qui va jufqu'à en prendre
cent. De cette permiffion d'avoir plufieurs femmes & de leur ufage
de fe marier dès la premiere jeuneffe, vient la multiplication de la per-
fide Nation dans les pays qui leur donnent retraite. C'eft ce qui eft
arrivé dans notre Sicile ; à peine y comptoit-on d'abord quelque Com-

Perfe , dans la Turquie, les Juifs ufent-ils fans trouble & de la permiffion d'époufer plufieurs femmes , & de la faculté de répudier celles qui leur déplaifent. N'allons point chercher des exemples dans l'Allemagne, dans la Hollande, dans la Pologne, dans l'Angleterre & dans les autres Etats étrangers : bornons-nous à ceux que nous offre la France.

munautés Juives : elles s'y font dans la fuite multipliées au point qu'on en compte aujourd'hui plus de cinquante.

Infegnano di più gli fleffi Talmudifti Rabbini, potere ciafcuno prendere più mogli infieme, folamente che abbia onde poterle-mantenere, fecondo la propria condizione. Efebbene alcuni preffo loro più fenfati, confultaffero, che ognuno doveffe flarfene contento di quattro mogli folamente ; tuttavia non iftimano che operi male, chi fi avanza à prenderne cento. Dalla pluralità dunque delle mogli, e dall'età giovanile, nella quale fi contraggono i matrimoni, facile ne deriva la moltiplicazione della perfida nazione in quei paefi, che le danno ricetto. Cofi vediamo pure effere accaduto nella noftra Sicilia, in cui dapprima vi fi contavano poche comunità, le quali poi fi dilatarono in modo, che arrivarono al numero di fi cinquantafette.

Comment imaginer que dans les autres Etats Chrétiens, les Juifs foient aftreints à l'unité de femme, lorfqu'on les voit jouir paifiblement fous les yeux de l'Inquifition, de toute la liberté que leur religion leur laiffe à cet égard ?

Citons encore deux exemples particuliers, & qui font fous nos yeux.

Le fieur Vidal, Marchand de foie rue Neuve Saint-Euftache a deux femmes, dont une qui eft la derniere, demeure avec lui à Paris : l'autre eft à Avignon. Il n'a pas même donné le divorce.

Le Rabbin de la Synagogue de Hambourg à Londres, eft dans le même cas. Hambourgeois d'origine, il s'eft d'abord marié en Pologne où il a laiffé fa femme & s'eft remarié à Londres.

On l'a déja obfervé, il y a eu des Juifs parmi nous dans tous les tems & bien avant l'émigration des Portugais, bien avant le regne de Henri II & les Loix qui les ont en quelque forte naturalifés, comme une Nation étrangere qui vient fixer fon domicile parmi nous. Ils vivoient fuivant leurs Loix & leurs ufages ; on les connoiffoit fous le nom de Juifs Provençaux. Maimonide, célébre Rabbin, qui vivoit au commencement du treizieme fiecle, dans un ouvrage qui a pour titre *Igmerith harambaut*, reproche aux Rabbins de ces Juifs Provençaux leur vie molle & voluptueufe ; *ils aiment*, dit-il, *à faire bonne chere & ON LES VOIT ÉPOUSER PLUSIEURS FEMMES.* Les Rabbins Provençaux pratiquoient donc en 1200 la polygamie avec la même liberté qu'ils faifoient bonne chere, & fi les Rabbins en ce point contrevenoient à nos Loix, ufoient de la faculté que leur Loi leur accorde, on peut bien penfer que les fimples Juifs ne fe croyoient pas plus aftreints à l'unité de femme.

Mais voici un trait plus décifif, qui eft connu de la dame Sara Mendez d'Acofta, auffi bien que de fes Confeils.

Par la Loi des Juifs, Deuteronome chapitre 25, lorfqu'un homme meurt fans enfans, fon frere qui

démeuroit avec lui , eft obligé d'époufer fa veuve
ou de fouffrir qu'à la porte de la Ville , en préfence
des Anciens du peuple, cette veuve lui ôte fa chauf-
fure.

Il y a quelques années un Juif mourut à Bordeaux
fans poftérité. La veuve preffa le frere du défunt de
l'époufer. Sur fon refus elle le traduifit devant les
Rabins qui le condamnerent à époufer fa belle-fœur
ou à fouffrir l'ignominie de l'extraction du foulier.
Le frere étoit déja marié ; il refufa d'obéir à la décifion des Rabins. La veuve le traduifit au Parlement
de Bordeaux , & elle y obtint un Arrêt contradic-
toire qui ordonna, que la décifion des Rabbins feroit
exécutée , & que le frere du défunt y feroit contraint par toutes voies dues & raifonnables , même
par corps , & par la faifie de tous fes biens.

Le frere du défunt ne pouvoit obéir à la décifion
des Rabins , qu'en contrevenant à deux de nos Loix
fur le mariage , à la Loi qui défend d'époufer fa
belle-fœur , & à la Loi qui défend d'avoir deux
femmes. Le Parlement de Bordeaux , en le condamnant à faire ce que les Rabbins avoient décidé ,
conformément à la Loi de Moïfe, jugea donc que
pour les Juifs , la Loi de Moïfe impofoit filence à
nos Loix , ou que les Juifs, pour ce qui concerne

leurs mariages, ne connoiffent que la Loi de Moïfe & nullement nos Loix.

Il en eft du divorce comme de la polygamie. Tous les jours à Metz, à Strasbourg, à Paris, à Bordeaux on voit des maris Juifs répudier leurs femmes, en époufer d'autres, fans que le Magiftrat les recherche fur cette pratique, & fi l'on ne cite pas d'exemple pour prouver cet ufage, c'eft que les femmes Juives font fi convaincues du pouvoir du mari, que jamais elles n'entreprennent de le lui difputer.

Mais une feule réflexion fuffiroit pour démontrer que les Juifs peuvent ufer parmi nous de la faculté de répudier leurs femmes, aux termes de la Loi de Moïfe, fans s'expofer aux peines que nos Loix prononcent contre les bigames.

Les Juifs qui habitent au milieu de nous, ne font point nos concitoyens ; la France n'eft point leur Patrie; ils n'y vivent que comme dans un lieu d'exil, comme des étrangers, comme des membres de cette République, dont le centre fut autrefois à Jérufalem & n'eft aujourd'hui nulle part. De-là cette liberté qu'ils ont de fe marier valablement, fuivant leurs Loix & leurs ufages, dans le Royaume ou hors du Royaume.

Qu'un

Qu'un François, quel qu'il soit, Catholique ou Proteſtant, ſe marie dans une forme que nos loix ont réprouvée, qu'il ſe marie hors de la préſence & ſans le conſentement du Curé de ſon domicile, ſon mariage n'en eſt pas un aux yeux de notre Loi; la femme eſt une concubine, & les enfans qu'elle lui donne ſont illégitimes : non ſeulement il peut pourſuivre la caſſation de ſon mariage, ou plutôt faire juger qu'il n'eſt pas marié : mais la Déclaration du 15 Juin 1697 enjoint expreſſément aux Juges de le contraindre, par des amendes pécuniaires, ou à réhabiliter ſon mariage, ou à ſe ſéparer de ſa femme.

Le Juif qui vit au milieu de nous n'eſt point ſoumis à ces loix. Qu'il ſe marie en France ou en pays étranger, dans la ſynagogue de ſon domicile ou dans une autre ſynagogue ; du moment qu'il ſe marie ſuivant les loix de ſa religion, ſon mariage eſt valable. Il n'a point un véritable domicile en France, & il eſt membre de la ſynagogue de Prague auſſi bien que de la ſynagogue de Bordeaux, de Metz ou de Strasbourg.

C'eſt ce que la Cour a bien clairement décidé par l'Arrêt qu'elle a rendu le 9 Avril dernier, entre le ſieur Peixotto & la dame Sara Mendez d'Accoſta.

I

Élle a infirmé la Sentence du Châtelet qui décla-
roit leur mariage nul, & elle a débouté le fieur
Peixotto de fa demande en nullité. Elle a donc jugé
que ce mariage contracté à Londres devant un
Rabbin de la fynagogue de Londres, entre un Juif
de vingt ans né en France & une Juive née en Angleterre étoit valable: elle a donc jugé que dans la
célébration de leurs mariages les Juifs ne font point
foumis à nos loix & qu'ils ne connoiffent que les
loix de leur Nation.

Et qu'on ne dife pas que le fieur Peixotto s'étoit
défifté de fa demande en nullité & du bénéfice de
la Sentence qui l'avoit adoptée. Si le mariage avoit,
été nul, la Cour, malgré ce défiftement, auroit
fur les conclufions du Miniftere Public, enjoint aux
Parties de le réhabiliter, & en attendant elle leur
auroit défendu de fe hanter & fréquenter. Elle n'a
rien fait de femblable; elle a donc jugé le mariage
valablement contracté.

Mais fi, contre la difpofition expreffe de nos loix,
les Juifs nés en France, domiciliés ou réfidans en
France, peuvent fe marier valablement hors du
royaume; fi dans la formation du lien conjugal ils
ne connoiffent que les loix de leur religion; comment feroit-il poffible que dans la diffolution de ce

lien ils connnuſſent d'autres loix que celles de leur religion ?

La loi ne peut avoir d'empire que ſur ce qui eſt ſon ouvrage, ſur ce qu'elle connoît. Nos loix françoiſes ne connoiſſent point les mariages des Juifs, elles ne contribuent en rien à leur formation ; elles ne peuvent donc pas leur imprimer le caraĉterc d'indiſſolubilité qu'elles impriment à tous les mariages qui ſe forment ſous leurs auſpices. Ces mariages ont été formés ſous les auſpices de la loi judaïque; la loi judaïque ſeule les connoît, comme étant ſon ouvrage propre : il n'appartient donc qu'à la loi judaïque d'en régler le ſort : comme le mariage de la loi judaïque peut ſe diſſoudre par le divorce, il s'enſuit que les Juifs, en répudiant leurs femmes, ne s'expoſent pas plus à être recherchés par le Magiſtrat qu'ils n'ont fait en ſe mariant ſuivant leur loi.

Par l'Edit de Nantes le libre exercice de la religion prétendue réformée étoit autoriſé en France, & les Partiſans de cette ſeĉte avoient des Tribunaux établis pour juger les affaires qui les intéreſſoient; c'eſt ce que l'on appelloit *les Chambres de l'E-dit* & *les Chambres mi-parties*. Les Proteſtans alors pouvoient donc ſe marier valablement devant leurs Miniſtres.

I ij

Dans les principes de Luther & de Calvin, l'adultere commis par un des époux rend à l'autre sa liberté ; la foi du contrat est violée, il n'y a plus de contrat, plus de lien, à moins que la Partie offensée ne veuille faire remise de l'injure qu'elle a reçue.

Certainement avant la révocation de l'Edit de Nantes, les Protestans, autorisés à vivre parmi nous suivant les loix de leur secte, pouvoient dissoudre leurs mariages par le divorce dans le cas de l'adultere.

Mais les Juifs jouissent parmi nous de tous les priviléges dont les Protestans ont joui dans l'intervalle de 1598 à 1685 ; ils ont, comme les Protestans ont eu pendant près de cent ans, la liberté de vivre, de se marier suivant les loix de leur religion ; ils ont donc aussi la faculté de dissoudre leurs mariages suivant les loix de leur religion.

C'est une dérision que d'objecter les inconvéniens du divorce ; que nous font à nous ces inconvéniens ? Les Juifs ne sont pas nous : ils ne sont ni François, ni Anglois, ni Allemands, ni Hollandois ; ils ne sont que Juifs vivans au milieu de nous. Il faut rallumer les bûchers éteints de l'Inquisition, forcer les Juifs à adopter nos maximes ou leur permettre de suivre leurs loix, quels que inconvéniens qui puissent en résulter pour eux.

N'y a-t-il nul inconvénient à souffrir que les Juifs

pratiquent les cérémonies de leur religion, qu'ils
faſſent circoncire leurs enfans, lorſque tous les
citoyens ſont obligés de préſenter les leurs au Baptême ? N'y a-t-il nul inconvénient à ſouffrir que les
Juifs ſe marient ſuivant les rites de leur religion devant leurs Rabbins (1) dans leurs ſynagogues, lorſque tous les ſujets de l'Etat ſont obligés rigoureuſe-
ment de ſe marier en la préſence ou du conſentement du Curé de leur domicile, lorſque nous prof-
crivons impitoyablement les mariages mêmes des
Proteſtans célébrés dans le déſert ou en préſence
d'un Miniſtre de la religion prétendue réformée ?
Faudra-t-il, à raiſon de ces inconvéniens vrais ou
ſuppoſés, contraindre les Juifs à faire baptiſer leurs
enfans & à ſe marier dans la forme preſcrite par nos
loix ?

  Nous avons reçu les Juifs parmi nous, & nous
les y avons reçus pour y vivre ſuivant leurs loix &

_____

(1) La préſence du Rabbin n'eſt pas néceſſaire pour la validité du
mariage, ce n'eſt qu'une formalité dont ſe diſpenſe qui veut. Ce
qui fait le mariage chez les Juifs, c'eſt le conſentement des deux
époux, donné en préſence de deux témoins, & la préſentation de
l'anneau d'or ou *keducim* par le mari à la femme. Un homme tire de
ſon doigt un anneau d'or, le met au doigt de la femme, & lui dit en
hébreu : vous êtes ma femme : la femme lui répond : vous êtes mon
mari. Le mariage eſt fait & ne peut plus ſe diſſoudre que par le libelle
du divorce : mais il ſe diſſout auſſi facilement qu'il s'eſt formé.

leurs ufages. La liberté du divorce eft une partie
effentielle de leurs loix & de leurs ufages. Nous leur
avons donc promis en les recevant que nous leur
laifferons la liberté de répudier leurs femmes. Les
rechercher, les inquiéter, fous prétexte qu'en répudiant leurs femmes ils contreviennent à la loi de
l'indiffolubilité établie parmi nous, ce feroit con-
trevenir à la loi de leur admiffion en France, ce feroit leur ôter en partie la liberté de vivre fuivant
leurs loix & leurs ufages ; ce feroit faire quelque
chofe de plus abfurde, ce feroit foumettre aux maximes de notre légiflation un contrat que notre légiflation ne doit point connoître & qu'elle ne connoî-
troit que pour l'annuller.

En un mot & c'eft toujours à ce point décifif
qu'il en faut revenir : les Juifs font parmi nous
comme des voyageurs, comme des étrangers que
nous protégeons pendant leur féjour, & qui doivent trouver en France toute la liberté qu'ils trou-
veroient à Conftantinople ou à Berlin. Nos loix les
contiendront, les réprimeront s'ils s'écartent des
regles de la Police extérieure, s'ils manquent à leurs
engagemens avec nous, s'ils troublent la tranquillité
publique ; mais nos loix ne pénétreront point dans
l'intérieur de leurs maifons pour favoir s'ils obfer-

vent la loi du Dimanche ou la loi du Sabbat ; s'ils n'ont qu'une femme ou s'ils en ont deux ; s'ils en ont répudié une pour en époufer une autre. Au contraire , puifque nos loix leur ont permis formellement de vivre fuivant leurs ufages , elles leur prêteront fecours pour empêcher que perfonne ne les trouble dans cette maniere de vivre, & elles leur affureront la liberté de faire tout ce que leurs loix & leurs ufages leur permettent ou leur commandent de faire.

Les Juifs, en ce qui concerne leurs mariages , ne font tenus de fuivre que leurs loix : ils ne font point foumis aux nôtres. Les loix judaïques autorifent le divorce , même fans caufe. Ces deux points femblent ne devoir plus fouffrir de difficulté. Le fieur Peïxotto a donc rompu les nœuds qui l'uniffoient à la dame Sara Mendez d'Acofta , en lui donnant le libelle de divorce ; il n'eft plus le mari de la dame Sara Mendez d'Acofta ; la dame Sara Mendez d'Acofta n'eft plus fa femme ; l'un & l'autre ont recouvré leur premiere liberté & peuvent fe remarier quand ils jugeront à propos.

Si le divorce judaïque devoit être fondé fur un autre motif que la volonté du mari ; le fieur Peixotto pourroit dire que jamais mari n'eut de plus juftes raifons que lui de renvoyer fa femme.

Depuis feize ans que le mariage a été formé, ces deux époux ont prefque toujours vécu féparés : à peine ont-ils habité enfemble pendant trois ou quatre ans. Que la faute vienne du mari ou de la femme, peu importe ; il n'en réfulte pas moins que les caracteres font incompatibles. La dame Sara Mendez d'Acofta l'a affez hautement déclaré dans les deux Mémoires imprimés qu'elle a diftribués & où elle fe livre à une véritable diffamation contre fon mari. Elle le reconnoît bien mieux aujourd'hui dans fa demande en féparation de corps. Si les cœurs font irréconciliablement divifés, fi les corps ne peuvent plus fe rapprocher, quel fera l'efpece de lien qui fubfiftera entre le fieur Peixotto & la dame Sara Mendez d'Acofta ?

Parmi nous, le mariage n'eft pas feulement un contrat civile, c'eft auffi un Sacrement. Le nœud qu'il forme entre les deux époux, ne peut être diffous que par la mort. S'il y a entre les deux époux incompatibilité abfolue d'humeurs, fi la vie, ou l'honneur de la femme eft en danger, nous prononçons

prononçons une fépération de corps & d'habitation ; il n'eſt pas au pouvoir de l'homme d'en faire davantage : *quod Deus conjunxit, homo non feparet.*

La Loi Judaïque ne connoît point ce tempérament : elle fait plus : elle le réprouve entiérement. Dans cette loi, fe marier, eſt un devoir indifpenfable ; habiter avec fa femme, en eſt un autre non moins rigoureux. Tous deux dérivent du précepte que Dieu donna au premier homme : croiſſez & multipliez : *crefcite & multiplicamini.* Précepte que la main du Créateur imprima dans la fubſtance de notre être, en traits de flammes, & dont la dépravation du cœur ou de l'efprit, le luxe ou la mifere, peuvent feuls étouffer les vives impulfions (1) ; précepte qui fubfiſte dans toute fa force pour tous les hommes, & dont l'infraction parmi les Juifs n'eſt pas moins criminelle que la violation

_____

(1) Il n'y avoit que la grace de l'Evangile qui pût établir des exceptions légitimes à la regle générale ; mais ces exceptions ne font que pour un petit nombre d'hommes, pour les Miniſtres des Autels, que la difcipline de l'Eglife univerfelle oblige à fuivre un précepte tout différent, & pour quelques ames privilégiées, qui font fpécialement appellées à un plus haut degré de perfection : elles ne font point pour cette foule de Célibataires qui ne voyent, dans le célibat, qu'une plus grande indépendance, une plus grande facilité de fatisfaire leur ambition, leurs caprices & leurs goûts défordonnés.

K

du Sabbat : précepte, enfin, que tous les Docteurs Juifs ont renouvellé, dont ils ont recommandé l'obfervation, au point de prononcer des anathêmes contre tous ceux qui y contreviennent, contre ceux qui demeurent, pendant plus de dix-huit mois, féparés de leurs femmes, fuffent-ils retenus par des affaires de la plus grande importance. *Malheur à l'homme, difent-ils, qui habite une maifon fans femme ! Il devient homicide, il détruit l'image du premier homme, & eft caufe que le Saint-Efprit fe retire d'Ifraël.*

Que fait donc la dame Sara Mendez d'Acofta, en demandant la féparation de corps ? Elle eft d'une religion qui connoît le divorce ; c'eft fous les loix de cette religion qu'elle s'eft mariée, qu'elle fait profeffion de vivre ; mais, qu'elle feuillette les annales de fa nation, celles même des autres peuples qui connurent le divorce ; y trouvera-t-elle un feul exemple de la féparation à laquelle elle conclut ? Oui, par cette demande en féparation elle accepte néceffairement le divorce ; &, par-là, difpenfe le fieur Peixotto du foin de combattre ce qu'elle avance dans un de fes Mémoires imprimés, que le mari ne peut pas répudier fa femme malgré elle, ou bien elle veut forcer le fieur Peixotto à vivre, elle veut vivre elle-même déformais dans un état perpétuel de contravention aux loix de fa religion.

On le dit avec confiance, il n'y a pas de Sanhe-drin—Juif, qui, fur la demande de la dame Sara Mendez d'Acofta, fe contentât de prononcer une fimple féparation d'habitation. Les Rabbins mêmes qui, felon elle, exigent, pour la validité du divorce, & le confentement de la femme, & les raifons les plus graves; ces Rabbins, fi l'affaire étoit de nature à être portée devant eux, n'héfiteroient pas à rom-pre des nœuds qui ne peuvent plus fubfifter qu'en laiffant les Parties dans un état habituel de contra-vention à leur loi.

Maintenant, la marche que le fieur Peixotto doit fuivre en exécution de l'Arrêt du neuf Avril, eft fimple. Il n'a pas befoin de faire affigner la dame Sara Mendez d'Acofta, pour voir déclarer bon & valable le libelle de divorce qu'il lui a donné ; il faut que, fur la demande en féparation de corps, formée contre lui, il fe préfente & conclue à ce qu'attendu la diffolution du mariage, par le libelle de divorce qu'il a donné à fa femme, il foit dit qu'il n'y a lieu de prononcer fur la demande en féparation de corps & d'habitation ; fans s'arrêter aux autres demandes de la dame Sara Mendez d'Acofta , dans lefquelles elle fera déclarée non-recevable, il lui foit fait défenfes de prendre les noms & qualités de femme Peixotto, fauf à elle à jouir, faire & difpofer, ainfi qu'elle avifera , des fonds qui lui avoient été conftitués en dot, fur la Banque de Londres.

Délibéré à Paris , le trente Juin mil fept cent foixante - dix - huit ; MARTINEAU , CLÉMENT , BLONDEL , JOLLY , COURTIN.

A PARIS, chez P. G. SIMON, Imprimeur du Parlement, *rue Mignon Saint André-des-Arcs.* 1778.

www.ingramcontent.com/pod-product-compliance
Lightning Source LLC
Chambersburg PA
CBHW071249200326
41521CB00009B/1697